KB113088

질을 위한 철학

이수정 철학 에세이

질을 위한 철학

Philosophy for Quality

철학과 현실사

일러두기

1. 이 책은 대개 2020년부터 2023년 상반기까지 《경남신문》, 《경남도민신문》, 《뉴스1》 등에 발표한 칼럼을 모은 것이다.

2. 단행본으로 묶으면서 글을 대폭 수정 보완하였으며, 주제를 살려 새로 쓴 글들도 다수 포함되어 있다.

3. 기존의 졸저 《생각의 산책》, 《시대의 풍경》, 《국가의 품격》에서 이 책의 주제와 관련된 몇 편을 옮겨 실었다. 이 책의 완성도에 기여하기 위한 것이니 독자의 양해를 구한다.

4. 이 책은 2부로 구성되어 있으나, 그것은 일종의 쉬어가기일 뿐, 그 나눔에 특별한 의미 는 없다.

5. 글의 순서는 그때그때 쓴 것이라 특별히 의미가 없다. 인생사 자체가 애당초 그렇 게 '들쭉날쭉'이다.

서문: '어떤'이라는 철학적 과제

이것은 어쩌면 '미래의 철학'이 될지도 모르겠다. 메아리가 돌아올 때까지 시간이 걸리기 때문이다. 그때까지는 독백이어도 좋다고 생각한다. 나의 언어에 대한 메아리는 왜 항상 이렇게 지연되는가? 이유는 나도 안다. 시대의 귀가 다른 곳에 주파수를 맞추고 있기 때문이다. 그래도 기대는 버리지 않는다. 왜냐하면 나의 언어는 재미 삼아 물수제비를 몇 번 뜨고 결국 가라앉아버리는 조약돌이 아니라 계속 날아다니며 알을 까는 나비이고 새이기 때문이다. 언젠가는 꽃과 꿀과 둥지를 발견하리라.

또 한 묶음의 언어를 책으로 내놓는다. 최근 몇 년, 주로 신문에 발표했던 칼럼들이다. 그때그때 무작위로 썼지만 묶어놓고 보니 묘하게도 일관된 주제 같은 것이 어른거린다. '질(quality)'에 대한 관심이다. 인간의 질, 삶의 질, 세상의 질이다. 나는 단언한다. 지금의 그것은 너무 낮다. 그 '저질/하질'이 온갖 형태의 '문제'들을 야기한다. 가슴이 답답하다. 그러나 역설적으로 그 점이 오히려 반갑기도 하다. 진정한 철학은 문제에서 싹이 트고 문제를 영양 삼아 자라는 나무이기 때문이다.

읽어보면 알리라. 이 책에 진열되는 '질의 철학'은 어렵지 않다. 이런 철학은 바로 그 점 때문에 늘 사람들의 눈과 귀를 비껴가고 외면을 당한다. 하지만 우리는 어려운 개념들로 중무장한 '과거의 철학'에 대해 결별을 고할 필요가 있다. 데카르트, 스피노자, 라이프니츠, 칸트, 피히테, 셸링, 헤겔뿐만이 아니다. 후설, 하이데거, 푸코, 데리다를 포함한 20세기 철학도 마찬가지다. 러셀, 비트겐슈타인? 그들도 물론이다. 우리는 그런 철학에 대해 반역을 도모한다. 유쾌한 반역이다. 나는 연판장을 돌린다.

철학적 진리는 어려운 개념 속에만 있는 것이 아니다. 에세이 같은 일상언어 속에 더 중요한 진리가 보석 같은 빛으로 깃들어 있다. 저 조가비 속 진주알처럼. 공자-부처-소크라테스-예수의 언어가 그런 부류였다. 최고급 언어다. 그들은 저 '골 때리는' 칸트-헤겔-하이데거 등과는 아주 다른 종류의 질 높은 철학자였다. 나는 그런 고급 철학의 핵심에 '어떤'이라는 개념이 도사리고 있다고 판단한다. '어떻게'와 짝을 이룬 '어떤'이다. 진정한 '삶의 철학'이다.

이 책은 그들의 그런 방향을 계승한다. 꿀과 젖이 흐르는 곳이다. 꽃향기 은은하고 바람소리 그윽한 곳이다. 물론 잘 안다. 그들의 차원에는 다다르지 못한다는 것을. 그 아류의 아류라도 좋다. 이 세상을 위해, 인간을 위해, 삶을 위해, 다만 한 줌이라도 거름이 될 수 있다면 그게 어딘가. 그래서 물은 것이다. 우리는 지금 대체 '어떤' 세상에서 '어떤' 인간으로서 '어떤' 삶을 살고 있는가? 도대체 '어떤' 문제들이 이 세상의 질을, 우리네 삶의 질을 이토록 떨어뜨려놓고 있는가? 이 저질/하질을 치료하려면 '어떤' 방책이 필요한가? '어떤' 생각-언어-행위가 필요한가? 이 책의 언어들은 대부분 이런 문제의식으로 수렴된다. 우리는 청진기와 현미경을 들어야 한다. 그다음은 주사기와 메스다. 물론 약도.

어차피 "철학은 죽었다." 소위 학문적인 철학의 언어를 보면 죽어도 별 할 말이 없어 보인다. '들리는-읽히는' 언어로의 대전환이 필요해 보인다. 그러기 위해서는 쉬워야 한다. 그 쉬움 때문에 외면당하더라도, 그래도 쉬워야 한다. 단, 그 쉬움 속에 무게가 실려 있어야 한다. 진-선-미를 포함한 가치의 무게다. 저 공-부-소-예가 그 모범을 충분히 보여줬다. 그런 언어는 언젠가 어디선가 그것을 들어주는 귀를 만나게 된다. 그렇게 환골탈태해서라도 철학이 남긴 유복자, 즉 가치 있는 생각-언어-행위를 통해 저 고귀한 철학의 혈통이 이어지기를 나는 기대한다.

2023년 여름 서울에서

이수정

차례

제2부 저런 생각

제1부 이런 생각

'질'에 대한 관심

21세기도 20여 년이 지났다. 지금 우리의 삶은 어떠한가? 우리의 학문은 어떠한가? 특히 철학은 어떠한가? 세상은 어떠한가?

우리의 삶에서 '돈'에 대한 관심을 제외한다면 과연 무엇이 남게 될까? '지위'에 대한 관심? 그래, 그것도 분명 있기는 있다. 그 둘을 합친 이른바 '부귀'에 대한 생적인 관심은 (공명과 함께) 동서고금을 막론하고 인간의 최대 관심사였다. 그 증언은 저 공자와 소크라테스의 발언에서도 만날 수 있다. ("부와 귀는 사람이 바라는 바이다." 등) 그만큼 강력한 그 무엇이다. 그 누가 그걸 부인하겠는가. 그 누가 그것에 저항하겠는가. 그러나 저들은 그런 대열에 합류하지 않았다. 부처와 예수도 그런 관심을 지지하지 않았다. 그럼에도 저 넷은 이른바 '인류의 4대 성인'으로 추앙받는다. 뭔가 모순이 있다. 인간들은 사실상 부귀에 한평생을 매달리면서도 그것에 반대한 이들을 추앙한다. 이 모순된 현상이 우리에게 시사하는 바가 있다. 인간들은 분명 부귀를 추구하는 욕망의 존재이지만 그 욕망이 우리에게 완벽한 만족 내지 행복을 주지는 않는다는 것이다. 그렇다면? 그것과는 다른 방향이 우리의 삶에 따로 있다는 것이다. 그 방향에 이른바 '가치'의 세계가 있다. 거기에 저 유학이니 불교니 철학이니 기독교니 하는 것도 존재한다. 숭고한 세계다. 그런 것이 우리 인간에게, 우리네 인생에 '질'이라는 것을 얹어준다. '질'은 '가치'라는 것의 다른 이름이다.

저 성인들의 이야기를 하자면 한도 끝도 없다. '정신적 질', '인생의 질', 그런 이야기는 따로 장을 마련해야 한다. 그러나 질 내지 가치와 관련해 가까이서 할 수 있는 이야기, 해야 하는 이야기는 있다. 우리의 일상적 삶에서, 특히 국가적-사회적-시민적 삶에서 우리가 지향하고 추구할 가치의 세계가 있는 것이다. 그것을 '질의 문제 영역'이라고 불러도 좋다. 우리가 일상세계에서 실제로 영위하는 일거수일투족이 '어떤' 것이며 '어떤' 것이어야 하는가 하는 문제다. 그게 우리의 필생의 과제가 되지 않으면 안 된다. '학'이라는 것도 거기서 자라나야 한다. 거기에 뿌리를 내리지 못하면 진정한 힘을 가질 수 없다. '철학'은 특히 그렇다.

우리는 과연 질적으로 괜찮은 삶을 영위하고 있는가? hic et

nunc, 지금 여기, 21세기 한국에서 영위되는 우리의 실제 현실은 비교적 (아니 대체로) 그렇지 못하다. '질'에 대한 관심과 집착이 별로 (아니 거의) 없다. 생각의 질, 언어의 질, 행동의 질, 물건의 질, 건축의 질, 제도의 질, 교육의 질, 정치의 질 … 인간의 질, 거의 모든 것이 엉망진창이다. 저질/하질이 너무나 많고 그 저질/하질에 대해 우리는 지금 너무나 무감각하다. 그 모든 것이 이 세상의 질을, 그리하여 우리의 삶의 질을 떨어뜨린다. 언제까지 이렇게 저질로 살 작정인가!

우리는 삶의 모든 장면에서 '질적인 고급'을 지향하지 않으면 안 된다. 그것은 '돈'으로 살 수 있는 것이 아니다. 이른바 값비싼 명품으로 온몸을 휘감더라도 그것이 즉 그 옷이나 모자나 시계나 반지나 목걸이나 가방이나 신발이나 자동차나 아파트나 … 그런 것이 그 사람을 '고급'으로 만들어주지는 않는다. 저 성인들에게 물어보라. 그런 그들이 천국에 들어가는 것도 아니고 부처가 되는 것도 아니고 군자가 되는 것도 아니고 철인이 되는 것도 아닌 것이다. "군자─철인? 고급스러운 인간? 그까짓 돈도 안 되는 것… 너나 하셔." 하고 비웃는다면 그거야 할 말 없다. 염라대왕이 나중에 판단할 것이다.

그러나 우리가 인간인 한, 지금 여기에 살면서 맞닥뜨릴 '질적인 저급'에 대한 저항, '질적인 고급'에 대한 지향은 포기할 수 없다. 그것에는 판단 중지도 괄호 치기도 스위치 *끄기*도 미루어두기도 적용할 수 없다. 우리의 인간으로서의 본능이 그

질을 지향하기 때문이다. 우리는 인간으로서 옳은 것을 좋아하고, 선한 것을 좋아하고, 아름다운 것을 좋아한다. '어떤'의 구체적 내실이다. 이 세 가지(이른바 진선미)만 갖추어져도 우리의 이 세상은 살 만한 것이 된다. 그런 세상에서의 삶은 고급진 삶이 된다.

지금 우리의 현실은 과연 어떤가? 우리 생활 주변의 모든 항목에 대해 줄기차게 '어떤'이라는 질문을 던져보자. '질'에 대한 질문이다. 지금 우리는 어떤 사람으로서 어떤 사람과 더불어 어떤 나라에서 살고 있는가? 당신은 어떤 인품으로서 어떤 시민으로서 어떤 삶을 살고 있는가? 그것은 과연 고급스러운가, 혹은 저질스러운가? 특히 부와 지위를 가진 책임 있는 사람들에게 이 질문을 던져보기로 하자. 그리고 각자 자기 자신에게도.

너무 많다, 너무 적다

나는 개인적으로 나열하는 것을 좋아한다. 문장에서도 그렇다. 국어 선생님이라면 그런 나열은 문장이 아니라고 낙제점을 줄지 모르지만 나는 작문시간에 가르치는 그런 교과서적 기준을 신뢰하지 않는다. 나열은 때로 화려한 미사여구보다 훨씬 더 큰 철학적 의미/가치를 가질 수 있기 때문이다. 단, 나열이 어떤 의미/가치를 가질 수 있으려면 확실한 주제 내지 문제의식과 논리적 일관성과 가지런함이 있어야 한다. 그런 나열을 무작위로 한번 시도해본다.

〈너무 많다〉
타인을 함부로 생각하고 막 대하는 사람이 너무 많다. (이른바 '갑질' 포함)

영화―드라마 등에서 폭력적인 내용이 너무 많다.[1]

의무는 안중에 없고 권리만 주장하는 사람이 너무 많다.

의견이 다른 타인에게 험한 말로 비난을 퍼부어대는 사람이 너무 많다.

걸핏하면 법을 들먹이는 사람과 변호사가 너무 많다.

단결―투쟁―타도를 외치는 사람이 너무 많다.

교통질서를 지키지 않고 난폭하게 운전하는 사람이 너무 많다.

능력과 노력 대신 요령과 술수로 이득을 취하려는 사람이 너무 많다.

일방적으로 자기주장만 하는 입이 너무 많다.

허언―폭언 등 말 아닌 말이 너무 많다.

서울―수도권에 사람이 너무 많다.

3포, 4포, n포, 다포, 희망을 잃어버린 청년들이 너무 많다.

건강과 환경에 해로운 식품과 물질이 너무 많다.

공기가 더러운 날이 너무 많다.

집 안에 거리에 어지러운 전선이 너무 많다.

〈너무 적다〉

도시 생활공간에 나무가, 숲이 너무 적다.

멋진 공원이 너무 적다.

---

[1] 〈오징어게임〉, 〈더 글로리〉는 그 대표이고 그 상징이다. 이 시대의 문제적인 한 단면이다.

자동차 등 생활공간에 세련되고 고급진 디자인이 너무 적다.

웅장하고 화려한 건축물이 너무 적다.

양서를 사고 읽는 사람이 너무 적다.

인문학과 그것에 기반한 교양에 관심 있는 사람이 너무 적다.

남의 말을 진지하게 들어주는 귀가 너무 적다.

서울에 비해 지방에 사람이 너무 적다.

의사가 너무 적다. 의대가 너무 적다.

위로와 격려를 해주는 따뜻한 가슴과 따뜻한 언어가 너무 적다.

제대로 국가와 국민을 걱정하는 정치인이 너무 적다.

사람의 능력과 노력을 합당하게 평가하고 알아주는 경우가 너무 적다.

오래된, 품격 있는 동네 가게들이 너무 적다.

고개가 절로 숙여지는 '어른'이 너무 적다.

인간과 세상의 '질'과 '격'과 '수준'을 고민하는 사람이 너무 적다.

우리의 마음에 꽂히는 것들이 어디 이런 것뿐이겠는가. 주변 사람들을 보면 내게 바라는 건 너무 많고 해주는 건 너무 적다. 적들은 너무 많고 내 편은 너무 적다. 애당초 우리 인간들의 삶에 근심과 불행은 너무 많고 기쁨과 행복은 너무 적다. … 한도 끝도 없다. 구구한 해설은 생략한다. 이 나열 자체에 이미 방향은 암시되어 있다. 모두 다 우리의 '질'을 좌우하는 '문제'들이기 때문이다. 너무 많은 것은 줄여나가야 하고 너무 적은 것은 늘려나가야 한다. '질'의 제고를 위한 지극히 구체적이고 현실적인 방법론이다. 각자의, 자기 식 버전의 제2탄, 제3탄을 적어보기 바란다.

"인간은 죽었다"

　'사어(死語)'라는 말이 사람들에게, 특히 요즘 젊은 세대들에게, 곧바로 이해되는지 잘 모르겠다. 젊은이들과 대화를 하다 보면 그 언어 감각이 이른바 '기성세대'와 너무나 달라져 있다는 걸 당혹스럽게 느끼는 경우가 많기 때문이다. 물론 언어라는 게 애당초 생물과 같아서 계속 변화한다는 건 교과서에도 나오는 이야기이니 그러려니 할 수밖에 없는 부분이 분명히 있기는 하다. 그러나 그 변화에 '문제적인 것'이 있다면 그러려니 하고 그냥 넘어갈 수만도 없다. 철학자라면 특히 그렇다.

　철학자의 눈으로 보면 작금의 한국어에서 느껴지는 당혹감이 적지 않고 작지 않다. 아마 그걸로 책 한 권이라도 쓸 수 있겠지만, 우선 그중의 하나를 짚어본다. 이른바 '사어'가 너무 많다는 것이다. 죽어버린 말이다. 분명히 우리말이건만 우리의 언어생활에서 사라져버린 것이다. '멀어져버렸다'는 것이 정확할지도 모르겠지만 철학적으로 보자면 사실상 죽어버렸거나 사라져버린 것과 진배없다. 이른바 '예다[가다]'니 '괴다[사랑하다]'니 '메[산]'니 '해[것]'니 하는 '고어'를 말하는 것은 아니다. 엄연한 현대 한국어이건만 사람들의 입에 오르내리지 않고 귀에 들리지 않게 된 말들이 있다는 것이다. 이를테면 '교양'이나 '인격/인품' 같은 말이다. (예전에 자주 들리던 '양반'이나 '군자' 같은 단어도 비슷한 계통이다.)

이 시대 이 사회는 그런 것을 더 이상 높이 치지 않는다. 추구하지 않는다. 아예 관심이 없다. 그래서 입에서 귀에서 사라졌다. 이런 단어들은 인간을 비로소 인간으로 만드는 '인간다움'의 핵심이었다. 그게 버려진 것이다. 그 배경에는 "그까짓 돈 안 되는 것…"이라는 이 시대의 결정적인 가치판단이 작용하고 있다. 버려진 거기엔 아마도 인의예지(측은(惻隱)지심, 수오(羞惡)지심, 사양(辭讓)지심, 시비(是非)지심)도 포함되어 있을 것이다. 맹자는 그런 것이 없으면 "인간이 아니다(非人也)"라고까지 말했다. 작금의 뉴스를 보고 있으면 그런 인간 아닌 인간들이 주변에 넘쳐나고 있다. 철학적인 의미에서의 '인간'은 멀어지고 사라졌다. 니체를 패러디해서 말하자면 이렇다. "사람들은 아직 모르고 있구나. '인간은 죽었다'라는 것을."

교양이나 인격 같은 것은 그것을 체현한 어떤 인물로부터 훈습되거나 혹은 주로 책을 통해서 연마된다. "언어가 정신을 만드는 원료"이기 때문이다. 그런데 어떤가. 지금 우리는 그런 종류의 책들을 사거나 읽고 있는가? 우리는 막연히 "그래도 어디선가 누군가는…" 하는 기대를 하고 있다. 그러나! 내가 그러지 않는다면 다른 누군가가 그러리라는 기대도 말아야 한다. 헛된 망상이다. 교양이니 인품이니 하면 가장 먼저 떠오르는 것 중의 하나가 공자일 텐데, 그 공자에 관한 어느 대표적인 양서가 (한때 주요 신문이 대서특필했던 그 책이) 최근 1년간 단 한 권도 팔리지 않았다는 한숨 섞인 이야기를 어느 출판 관련 인사에게 들은 적이 있다. 그게 실상이다.

인구가 줄어든다고 세상이 시끄럽다. 그런 관심의 핵심은 아마도 생산 인구, 경제활동 인구의 감소일 것이다. 작금의 '인간'은 오직 경제활동의 주체로서만 의미를 가진다. 각 개별 인간을 가늠하는 평가의 기준 내지 척도도 오직 '돈'이다. "인간은 만유의 척도다"라는 저 프로타고라스의 명제를 패러디하자면, "돈은 만인의 척도다." 청빈한 도덕군자/인격자는 기껏해야 경이원지 아니 적나라하게 말하자면 비웃음의 대상일 것이다. 인간들은 여전히 눈에 불을 켜고 혹은 핏대를 세우고 세상을 돌아다니지만, 대부분이 돈을 밝힐 뿐, 저 디오게네스처럼 대낮에 등불을 밝혀 들고 "나는 인간을 찾고 있다(anthropon zeto)"고 외치는 사람은 별로 목격한 바도 들어본 바도 없다.

소크라테스와 디오게네스가, 공자와 맹자가 그리운 요즈음이다. 죽어버린 이 '인간'을 도대체 어찌 해야 하나. 장례식−영결식을 치러 아주 떠나보내기에는 그 '인간'이라는 게 너무 아깝다. 차마 그럴 수가 없다. '인간의 소생'을 위한 심폐소생술이라도 시도해봐야겠다. 오직 교양의 언어만이 그것을 할 수 있다.

질로서의 작품

우리가 인간으로서 살아가는 이 '세상'에는 이른바 '작품'이라는 것이 있다.

누군가는 그것을 만들고 누군가는 그것을 즐긴다. 혹은 누린다. 그것이 우리의 삶의 질을 높여준다. 작품 자체가 일종의 질인 것이다. 그런 것은, 없어도 특별한 지장은 없다. 그러나 있으면 있는 만큼 우리의 무언가가 좋아진다. 보통은 이른바 예술작품이 그 내용이 된다. 그림, 조형물, 음악, 문학 등이 대표적이다. 물론 이런 것뿐만은 아니다. 서예, 연극, 영화, 드라마, 무용, 건축, 공원 등 그 범위는 의외로 넓다. 차량도 도시도, 심지어 인간도 인생도 작품인 경우가 있다. 이른바 위인들의 삶, 특히 어떤 특별한 업적, 그리고 만인에게 사랑받는 관광지 같은 것이 이에 해당한다. 작품이란 것이 우리의 삶이라는 것과 무관할 수 없는 연유다.

나는 일찍부터 이 '작품'이라는 것에 철학적 시선을 보내며 그 '기준'을 제시한 바 있다. "특별한 관심의 대상이 되는 것, 두 번 이상 다시 보고 싶은 것, 다시 듣고 싶은 것, 다시 읽고 싶은 것, 그리고 기꺼이 비용을 지불하고서라도 소장하고 싶은 것", 그런 것이 비로소 작품이라 할 수 있다. 물론 소박한 기준이다. 그러나 이 소박함 속에 어떤 깊은 철학성이 있다. 나/우리 자신에게 아프리오리하게 내재하는 그 '싶음'이라는 것이 결국 기준이 된다는 것이다. 그렇게 우리에게 내재한 감성 내지 선호는 사실 신비하기 짝이 없는 본연적 현상이다. 존재의 비밀이다. 사람은 누구나 꽃을 좋아하고 똥을 싫어한다. 향기를 좋아하고 구린내를 싫어한다. 새의 지저귐을 좋아하고 끼긱 하는 금속 마찰음을 싫어한다. 그 반대는 없다. 만일 있다면 그건 이상이고 병이다.

　철학자 하이데거는 〈예술작품의 근원〉이라는 글에서 그 본질을 "진리의 자기정립" 어쩌고저쩌고 하는 이론을 제시했다. 많은 사람의 주목과 찬탄을 받는 철학이지만, 사실 그의 철학은 그 사유의 엄청난 대단함에도 불구하고 인간의 '생적 진실'에까지 다가가지 못한 한계가 있다. 예술작품이라는 것도 그렇다. 거기서 정말로 중요한 것은 '진리'보다도 '나의 좋음'이라는 것을 그는 놓치고 있다. 작품은 내가 보고 싶고 듣고 싶고 읽고 싶고 갖고 싶은 것이지 않으면 안 된다. 자연스럽게 나의 고개가 그쪽으로 돌아가게 되는 것이지 않으면 안 된다.

우리의 삶의 세계에는, 구체적으로 21세기 한국에는, 그러면 어떤 작품들이 있는가? 머릿속에 떠올려보면 … 제법 많다. 아니, 엄청나게 많다. 음악(노래)에도 그림에도 연극/영화/드라마에도 춤에도 … 하여간 많다. 예컨대 나는 박기영의 노래 '넬라 판타지아', 손예진/조승우의 영화 〈클래식〉, 이지은/이선균의 드라마 〈나의 아저씨〉, 손흥민의 '축구', 김연아의 '피겨', BTS의 '칼군무', 서울 한강의 '선유도 공원', 벚꽃 도시 '창원 진해', 세종의 '훈민정음', 서정주의 시 〈난〉 등등은 대단한 작품으로서 선호한다. 모두 최상급의 질을 보여준다. A+다. 이 각각의 항목에 각각 무수한 이름들이 어깨를 나란히 함께 오를 수 있을 것이다. 물론 개인차는 당연히 있을 수 있다. 저 유명한 칸트가 분명히 지적했듯이 미적 판단은 '취미 판단'이기 때문이다. 그러나 그 취미의 방향은 분명히 있다. '좋음'에 대한 지향성이다. 이른바 '공통 감각(sensus communis)'이라는 게 있는 것이다. 그것의 승인을 받아야만 비로소 작품은 작품일 수 있다.

그런데…, 이런 작품들의 양과 질이 이른바 '세계'의 기준에 부합하는지는 좀 의문이다. "아직 모자란다." 이게 진정한 질을 위한 나의 철학적 명제이다. 더 좋아야 하고 더 많아야 한다. 공원, 건축 같은 분야에서는 특히 그렇다. 턱없이 부족하다. 그리고 턱없이 낮다. 우리의 삶의 질을 위해 필수적인 분야들이다. 사람과 인생이라는 분야에서는 더욱 그렇다. 작품 같은 인물, 작품 같은 인생은 (분명 없지는 않을 텐데) 요즘 거의 들리지를 않는다. 공자, 부처, 소크라테스, 예수 같은 그런 인물과 인생…. 모두 "옛날 옛날 한 옛날에…"가 되어버렸다.

우리는 어쨌거나 이 세상에 태어나 인생이라는 것을 살아간다. 그것이 '좋은' 것이기를 누구나 바란다. '작품'은 그것에 결정적으로 기여해준다. 그런데 막상 찾아보면 그게 아주 많지는 않다. 세계에는 그것들이 엄청나게 많이 널려 있다.

우리는 세계를 (외국을) 참고하며 더욱 분발해야 한다. 우리의 현실을 둘러보면 질적 수준을 보여주는 작품 대신 그 반대로 눈살을 찌푸리게 하는 저질과 하질들이 너무나 많다. 정치가 특히 그렇다는 것은 이제 누구나가 다 안다. 우리의 교육도 만만치 않게 저질/하질이다. 언제까지 저 저질/하질들을 참고 견뎌야 할 것인가. 우리의 인생은 그다지 길지도 않은데….

부귀와 질의 문제

　철학을 공부하다 보면 한 가지 뚜렷한 사실이 눈에 들어온
다. 우리 인간은 우리 자신에 대해 관심이 많다는 것이다. 어
떤 태도를 취한다는 것이다. (하이데거는 이런 존재 구조를 '실
존(Existenz)'이라고 불렀다.) 그래서다. 좀 과장하자면, 그 인
간에 대한 철학적 논의가 철학의 거의 대부분이다. 소위 '이성
적 동물'이니 '사회적 동물'이니 '호모 루덴스'니 '호모 파베르'니
'생각하는 갈대'니 '세계-내-존재'니 '죽음을 향한 존재'니 …
하는 것도 다 그런 부류다.

　그런데 정작 가장 결정적인 면모가 의외로 철학에서는 많이
거론되지 않는다. 그래서 나는 20/21세기 철학자를 대표하여
분명히 말해둔다. "인간은 부귀의 노예다." (이것은 "인간은 욕
망의 노예다"라는 말과 통한다.) 그렇다. 거의 대부분의 인간
은 생애의 거의 대부분을 이것 즉 '부귀'를 바라보고 산다. 독

일 철학자들이 선호하는 표현을 동원하자면, 삶이라는 게 곧 이것(부귀)과의 대결(Auseinandersetzung)이기도 하다. 돈과 지위/권력, 그것이 우리의 일거수일투족을 지배한다. 부자/있는 사람, 혹은 높은 사람/센 사람, 그런 사람이 되어 그런 삶을 살고자 우리는 삶의 거의 모든 노력을 기울인다. 아니, 쏟아붓는다. 그렇게 되기 위해서다. 그렇게 되지 못하면 그렇게 된 사람의 지배를 받게 된다. 엄정한 현실이다. 그 부귀라는 것이 우리네 삶의 양상과 질을 결정하는 것이다. 그 부귀의 유무 혹은 정도에 따라 내가/우리가 '어떤' 삶을 사느냐 하는 것이 결정되는 것이다. 부귀와 '삶의 질'은 말하자면 함수관계에 놓여 있다. 부귀가 삶의 결정적 변수인 것이다. 부자와 빈자의 삶의 양상이 같을 수가 없다. 귀족과 천민의 삶의 내용은 근본적으로 다르다. '부와 귀' 즉 금력과 권력은 내가/우리가 하고 싶은 무언가를 할 수 있는 '힘'이다. 그러니 그것은 기본적으로 욕망의 대상이 될 수밖에 없다. 그 사실은 이미 2천 수백 년 전 저 공자가 단적으로 지적한 바 있다. "부와 귀는 사람이 바라는 바다(富與貴是人之所欲也). … 빈과 천은 사람이 꺼리는 바다(貧與賤是人之所惡也)." 이런 말이 철학인 것이다. 진실을 정확히 짚어주기 때문이다. 부의 추구는 굳이 세상을 둘러볼 필요도 없이 자명한 것이고, 〈쩐의 전쟁〉 같은 드라마가 그 한 상징이 되기도 한다. 귀의 추구는 매 선거 때마다 인사철마다 우리가 지겹도록 확인하는 것이고, 〈랑야방: 권력의 기록〉 같은 중국 드라마나 〈위대한 세기〉 같은 튀르키예 드라마도 그 한 상징이 된다. 이웃 일본의 역사에서 핵심 축이 되는 '칼'도 결국은 귀라는 가치의 한 상징이다. 그런 '부귀'와 얽힌 삶의 드라마는 거의 무한정으로 많다. 삶의 결정적 진실이 아닐 수 없는 것이다. 있는 자/가진 자, 센 자/높은 자는 누리고, 없는 자/못 가진 자, 약한 자/낮은 자는 밟힌다. 헤겔의 역사철학에서 '주인과 노예(Herr/Knecht)'라는 개념이 괜히 나오는 게 아니다. 진실이기 때문이다.

자, 그러면 우리는 어쩔 것인가. 누가 가르쳐주지 않아도, 시키지 않아도, 우리는 알아서 그 대열에 합류한다. 취직을 하려고(돈을 벌려고), 높은 자리에 올라가려고(행세하려고), 인생의 주먹을 움켜쥔다. 별의별 짓을 다 한다. 누구는 "잘 살아보세"라는 깃발을 들기도 하고 누구는 "만국의 노동자여 단결하라"라는 깃발을 들기도 한다. 다 좋다. 누가 감히 그리고 섣불리 그것을 비난할 수 있겠는가.

단, 한 가지 우리가 고려해야 할 것은 있다. 그 부와 그 귀가 과연 '어떤' 부, '어떤' 귀인가 하는 가치론적 반성이다. 도둑질, 사기질, 강도질을 해서 부자가 되는 것을 용인하거나 칭찬하거나 권장할 수는 없다. 남의 발목을 잡고 끌어내리고 심지어 제거하고서 자리를 차지하는 것도 마찬가지다. '부귀'에도 종류와 질이라는 게 있는 것이다. 그것도 저 공자가 이미 정식화

해서 말해준 바 있다. "그 도로써 얻지 않는다면 [거기에] 거하지 않는다. … 그 도로써 얻지 않는다면 [거기서] 떠나지 않는다(不以其道得之 不處也. … 不以其道得之 不去也)." 역시 이런 게 철학이다. 가치론인 것이다. 요즘 식으로 말하자면 이른바 정의론이다. 부와 귀를 추구하되 마땅히 '도로써' 즉 정의라는 기준에 어긋나지 않게 추구해야 한다는 것이다. 쉽게 말하자면 '능력과 노력으로' 원하는바 부귀를 성취하는 것이 도인 것이고 정의인 것이다. 그런 것을 우리는 '부귀의 질'이라고 부른다. 거기에 이른바 '운'이 따라준다면 더할 나위 없다. 누군가는 그렇게 해서 회장님, 사장님이 되고 누군가는 그렇게 해서 대통령, 총리, 장관, 의원 등이 되기도 한다.

우리의 현실은 어떤가. 돈과 권력을 향한 질주의 열기는 저 올림픽보다 더 뜨겁다. 거기서 과연 '노력과 능력'은 얼마나 통하고 있나. 온갖 불법이 자행된다. 정의롭지 못한 부귀는 존경의 대상이 되지 못한다. 그런 것은 언젠가 어떤 식으론가 처단된다. 그것은 신 혹은 염라대왕의 역할이다. 저 칸트가 이른바 '최고선(das höchste Gut)'(덕과 행복의 일치)의 실현을 위해 신의 존재와 영혼의 불멸을 '요청'한 것도 그 때문이다. "불이기도득지 불처야. … 불이기도득지 불거야." 공자의 외침은 아직도 생생하게 들리고 있다. 다만 그 외침을 들어주는 귀의 청력이 요즘 너무 낮다. 아니 그런 귀 자체가 너무 드물다.

윤리라는 처방

우리가 이 세상에 나와 80여 년 (혹은 100여 년) 인생이란 것을 살면서 '가장 중요한 것'으로 손꼽을 수 있는 것, 혹은 손꼽아야 할 것은 무엇일까? 아무리 철학자라도 이건 바보 같은 질문이다. 간단한 문제가 아니기 때문이다. 사람에 따라 기준에 따라 그 대답은 천차만별로 갈릴 것이다. 답변을 모아본다면 요즘은 아마도 '돈'이 단연 1위가 아닐까 한다. 쉽게 아니랄 수도 없다. 만일 그게 아니라고 한다면 아마도 시대의 이단아로 찍혀 백안시될 가능성이 크다. 기껏해야 경이원지의 대상이다. 이른바 인류의 4대 성인인 공자-부처-소크라테스-예수(가나다순)가 요즘 별 인기가 없는 것도 그런 시대적 가치관과 무관하지 않을 것이다. 알다시피 그들은 돈을 추구하지 않았고 지지하지 않았다.

그런데 그 대답들 중에 '인간관계'라는 게 있으리라는 것은 충분히 짐작된다. 그게 인생을 좌우하는 결정적 변수의 하나라는 것은 분명하기 때문이다. 부부-부모자식-형제자매를 포함하는 가족관계, 친구관계, 동료관계, 선후배관계, 사제관계, 고용관계, 주객관계 … 기타 등등 온갖 종류의 인륜적-사회적 관계가 우리네 인생의 온갖 구체적 장면을 연출하고 그 장면들이 피와 땀과 눈물로 얼룩지면서, 혹은 희로애락을 동반하면서, 우리네 인생을 만들어나간다. 그래서 그 관계의 좋고 나쁨이 인생의 좋고 나쁨을 결정한다. 심지어 바로 그것이 인생의 파멸이나 구원을 결정하기도 한다. 그러니 '인간관계'가 인생에서 가장 중요한 것의 하나라는 것은 부인할 수 없는 진실인 것이다.

자, 그렇다면. 이 인간관계를 '좋은' 것으로 만들기 위해서는 어떻게 해야 할까? 무언가가 필요하다. 이게 바로 저 철학이 말하는 '윤리' 혹은 '도덕'이라는 것이다. 물론 나도 안다. 이것은 요즘 거의 무용지물, 불용품으로 간주되어 폐기처분되고 말았다는 것을. 그런데 그렇다고 해서 이것 없이 원만한 인간관계라는 것이 성립 가능할까? 아니다. 우리가 좋은 인생을 위해 원만한 인간관계를 바란다면 윤리는 피해갈 수 없는 선택지가 된다. 우리는 쓰레기통을 까뒤집어서라도 그것을 되찾아 와야 한다.

그렇다면. 그 윤리라는 것의 핵심은 뭘까? 어렵게 생각할 것 없다. 나와 너, 나와 당신의 관계에서 상대방인 '너/당신'의, 그리고 잠재적인 '너/당신'인 '그/그녀/그들'의 생각-입장-처지를 이해하는 것이다. 그리고 나의 생각/언어/행위에서 '고려'하고 '배려'하는 것이다. 그리고 가능한 범위에서 양보하는 것이다. 그런 것(이해-배려-양보) 말고 '윤리/도덕'이라는 게 따로 있는 게 아니다. 저 유명한 공자가 어느 날 제자들에게 "나의 도는 하나로 관통한다(吾道一以貫之)"고 말했다. 그가 나간 후 제자들이 그 뜻을 궁금해하니 제자인 증삼이 "선생님의 도는 충서일 뿐이다(夫子之道, 忠恕而已矣)"라고 풀이했다. '충'(충실의 忠)은 자기의 마음을 다하는 것[그 사람, 그 일을 자기의 마음 한가운데에 놓는 것]이고 '서'(용서의 恕)는 상대방과 같은 마음이 되어보는 것, 즉 그를 이해하는 것이다. '서'라는 글자 하나가 윤리의 알파요 오메가인 것이다.

그런데. 말이 그렇지 이게 그렇게 간단한 게 아니다. 왜냐하면 인간이란 게 애당초 원천적으로 이기적이기 때문이다. 인간은 자기중심적이다. 좀 심할 경우는 자기밖에 모른다. 나 아닌 남은 (즉 너/당신은) 안중에 없다. 그러다 보니 '서'가 불가능한 것이다. 나의 이해에, 나의 기분에 조금이라도 거슬리면 그 관계는 악화되고 심하면 파탄난다. 거기서 한숨과 땀과 피눈물이 나고 불행이 시작되는 것이다. 반대로 그 '서'가 이루어지면 그와 나의 관계는 '우리'가 되어, 즐거움-기쁨-행복으로 이어질 수 있다. 원리는 이렇듯 간단하다.

그래서 우리에게는 윤리가 필요한 것이다. '타자(l'autre)' (인간관계의 상대방)에 대한 따뜻한 시선이 필요한 것이다. 거기서 이해－배려－양보 같은 가치가 성립된다. 물론, 배려－양보하자는 게 일방적으로 호구가 되자는 것은 아니다. 무조건 나의 손해를 감수하자는 것은 아니다. 어떤 사람들은 호의가 계속되면 권리인 줄 안다. 그런 것도 일종의 이기주의다. 그런 일방주의는 역시 윤리를 파탄 낸다. 윤리에서 상호주의는 필수적이다. 내가 하나면 너도 하나, 내가 백 퍼센트면 너도 백 퍼센트, 그런 균형적인 자세가 윤리를 가능하게 만든다. (물론 이른바 '이타주의'라는 것도 있고, 저 테레사 수녀님이 강조했듯, "사람들은 비논리적이고 불합리하고 자기중심적이다. 그래도 사랑하라(People are illogical, unreasonable, and self-centered. Love them anyway).")[2]

---

2) People are illogical, unreasonable, and self-centered.
　Love them anyway.
　If you do good, people will accuse you of selfish ulterior motives.
　Do good anyway.
　If you are successful, you win false friends and true enemies.
　Succeed anyway.
　The good you do today will be forgotten tomorrow.
　Do good anyway.
　Honesty and frankness make you vulnerable.
　Be honest and frank anyway.
　The biggest men and women with the biggest ideas can be shot down by the smallest men and women with the smallest minds.

라는 것도 있다. "사랑은 'because of'가 아니라 'in spite of'
다"라는 말도 있다. 심지어 "원수를 사랑하라"라는 말도 있
다. 그런 것이 숭고한 윤리이기는 하다. 단, 그런 것은 드문
사람들에게만 가능한 윤리다.)

지금 우리 사회의 인간관계는 어떠한가. 나 혹은 그 연장인
'우리'라는 패거리, 그것밖에는 보이지 않는다. 나의 주장밖에
들리지 않는다. 너/당신이라는 말은 우리의 고려 대상에서 사
라진 지 오래다. 백 보 양보해도, 멀어진 지 오래다. 그런 불
균형에서 지금 우리의 인간관계는 도처에서 삐걱거린다. 집
에서, 학교에서, 회사에서, 국회에서 … 정말 도처에서.

그 삐걱거리는 관계의 관절에 기름을 치자. 윤리라는, '서'
라는, 기름이다. 너/당신과 '같은 마음'(如心＝恕)이 되어보
는 것이다. 그것을 나는 "빙의"라는 개념으로 부르기도 한다.
그것 말고는 다른 처방이 없다. 이 처방을 먹고 호전되거나
아니면 더 악화되어 죽을 수밖에 없다. 이것이냐 저것이냐,

Think big anyway.

People favor underdogs but follow only top dogs.

Fight for a few underdogs anyway.

What you spend years building may be destroyed overnight.

Build anyway.

People really need help but may attack you if you do help them.

Help people anyway.

Give the world the best you have and you'll get kicked in the teeth.

Give the world the best you have anyway.

− ⟨The Paradoxical Commandments⟩ by Dr. Kent M. Keith

우리는 선택해야 한다. 우리 사회의 병세가 깊어 이제는 시간이 별로 없다.

칭찬, 아니 찬탄

　요즘 우리의 생활 속에서 누군가가 누군가를 칭찬하는 경우를 보기가 참으로 드문 것 같다. 자화자찬은 많다. 그런 건 원칙적으로 칭찬에 해당하지 않는다. 인간관계에서 칭찬은 마치 봄날의 개화처럼 우리의 눈과 가슴을 따뜻하게 해주는 장면이 아닐 수 없다. 물론, 그 대상이 정말 칭찬받을 만한 어떤 면모를 갖췄을 때 비로소 그 칭찬은 제대로 된 의미를 갖는다.

　나는 개인적으로 여러 번 누군가를 드러내놓고 진심으로 칭찬한 일이 있다. 이 양반도 그렇다. 우연히 같은 직종이기는 하지만, S대학의 S교수다. 개인적으로 전혀 면식이 없다. 내 친구의 지인이기는 하지만 그런 건 전혀 관계가 없다. 칭찬의 내용은 그의 글솜씨다. 타고난 글재주가 있다. 더욱이 그 내용이 시대적으로 유의미하다. 이런 건 칭찬하지 않을 수가 없다. 않는다면 일종의 직무유기다. 특별히 내가 탄복했던 그의 글 한 편을 그대로 소개한다.

〈멀어진 문학을 다시 부르며〉[3]

십 년 전쯤, 미국 서부 해안에 위치한 살리나스라는 작은 촌락을 방문한 적이 있다. 20세기 전반 미국 자본주의의 모순을 파헤친 존 스타인벡의 흔적을 찾아가는 길, 끝없는 평원에 펼쳐진 풍경은 작가가 묘사한 1920년대의 그것과 별로 달라진 것이 없어 보였다. 전통적 과실나무에 더하여 블루베리, 피스타치오 같은 신종이 들어섰고 백인 노동자가 남미 이주민들로 대치되었을 뿐이다. 읍내에서 만난 청년은 작가의 존재를 몰랐으나 구멍가게 할머니는 반갑게 기념관 위치를 알려줬다. 동양인이 그걸 어떻게 알고 있는지 신통해하면서 말이다. 퓰리처상(1939년)과 노벨문학상(1962년)을 수상한 작가가 깨우쳐준 그 정신, '신성한 노동'에 대한 자부심으로 평생 그 작은 가게를 지켰을 터였다.

문학상보다 더 소중한 것은 의지할 곳 없는 평범한 서민들의 고된 여정에 길잡이가 된 작가의 불빛 같은 언어와 그 언어가 빚어낸 아늑한 공간이다. 우리에겐 이런 게 있는가. 노벨문학상이 먼 나라 작가에게 돌아갔다는 소식에 은밀한 기대를 접은

3) 〈J일보〉, 2013년 10월 22일자.

사람이 많았을 것이다. 세계인이 흠모하는 문학상이 20세기 경제 총아 한국에 문화훈장이라도 달아줄 것을 고대했을지 모른다. 문학은 영혼과 현실이 치고받는 싸움의 기록인데 책은 멀고, 골목 책방은 자취를 감추고, 어쩌다 서점에 가도 문학 코너를 멀찍이 우회하는데 말이다. 좋아하는 작가가 있었던가? 계발서와 트렌드 서적이 판을 치는 나라, 그래서 전업작가가 굶고 명문 대학에 작가 지망생을 찾아볼 수 없는 나라에서 문학은 기어이 죽고 작가는 예술혼을 잃는다.

춘천 호반 '문학공원' 한가운데 비치된 빈 석판엔 이렇게 씌어 있다. "노벨문학상 수상자를 기다립니다." 그런데 자신의 흉상이 빈자리에 올려지는 것을 생전에 목격할 사람이 나타날까? 노벨문학상이 정신적 높이의 유일한 척도라는 말은 아니지만 그걸 탐하기 전에 문학을 어느 구석에 내팽개쳤는지를 우선 점검해보는 게 순서다.

'문학의 나라' 한국에서 문학은 오래전에 죽었다. 역량 있는 작가와 걸출한 작품이 출현하지 않아서가 아니라 문학이 번성할 환경과 전통을 우리 스스로가 짓밟은 탓이다. 척박한 현실도 성찰과 관조로 짠 언어의 집에 유숙하면 새로운 옷을 갈아입는다. 선비들은 수심정기(修心正氣)를 위해 글쓰기를 일상화했고, 서민들은 고전소설과 판소리 자락을 줄줄 외웠다. 그런데 오늘날 우리는 소설, 시, 희곡에서 정신의 양식을 건지고 있는가. 또는 '문학 한국'을 만들 젊은 세대는, 식민지 시대는 차치

하고라도 1960년대, 70년대 작가들이 시대와의 불화를 어떻게 인두질했는지를 알고 있는가.

문학 없이는 살 수 없었던 시대가 있었다. 이광수가 문학을 지(知), 정(情), 의(意)의 고유 영역으로 독립시킨 이래 1970년대까지도 문학은 시대의 고뇌를 담아내는 저수지였고, 작가는 지정의(知情意)를 융합해 시대정신의 출구를 뚫는 전사였다. 작가는 당대 최고의 지성이었다. 주요 신문에 매월 월평이 게재됐고, 문학상 수상자는 단번에 장안의 화젯거리였다. 사법고시 합격이 부럽지 않았던 그 자존심이 요즘 가끔 노벨상 후보군에 오르내리는 작가군을 배출했던 거다. 작가 고은은 억압적 정권이 빚어낸 온갖 군상들의 난무(亂舞)를 '인류애'로 풀어내어 세계적 작가의 반열에 올랐다. 이문열은 '부성(父性)의 재해석', 황석영은 '분단국가의 비애'로 노벨상위원회의 관심을 사기는 했다. 영어, 프랑스어, 독일어로 많은 작품이 번역되었다. 그런데 그 한국적 주제들은 세계사적 공감을 불러일으킬 문학적 열정과 보편성을 얻지는 못했던 거다. 문학의 불꽃이 사그라진 나라, 영혼과의 대화가 언어와 행동양식으로 전환되지 않는 나라에서 고군분투했던 이 뛰어난 작가군은 결국 궁핍한 우리의 문학 환경을 넘지 못한다. 예술가 태반이 월 소득 100만 원 이하로 극히 가난하고 문학인은 그 비율이 90퍼센트로 단연 바닥이다.

몇 년 전 인터뷰 자리에서 고(故) 박경리 선생께 물은 적이 있

다. 노벨상을 기대하시는가라고. 당시 프랑스어로 《토지》 1부
가 번역 출간되었기에 드린 질문이었다. 답은 뜻밖에 단호했
다. '그런 질문을 받으면 자존심이 상한다'는 것. 문학은 인정
받기 위한 행위가 아니라 서민들의 가슴에 자신의 존재에 대한
인정을 불러일으키기 위한 고투라는 뜻이었다. 평생 세상과 담
쌓고 《토지》에 몰입했던 대작가의 포부는 우리가 발 딛고 선 역
사의 저변을 한과 연민의 언어로 깔아놓는 것이었다. 문학이
일상에 스미고 일상이 예술적 상상력을 생산할 때 각박한 현실
도 풍요로워지는 법이다. 문학공원의 빈 석판이 채워지기를 고
대한다면 자신의 생활공간에 문학의 편린이 얼마나 남아 있는
지를 우선 확인해야 한다.

이 글에 대한 나의 탄복과 칭찬이 과연 허풍이나 호들갑
인지 어떤지는 각자의 판단에 맡긴다. 좋은 글이 미사여구가
아니라는 것만은 확실하다. 문학은 삶의 질을 위한 결정적
조건의 하나다. 문학을 읽는 자와 읽지 않는 자의 차이는 돈
이 있는 자와 없는 자의 차이보다 훨씬 더 크다.

또 한 명이 있다. 시인 B씨다. 역시 글솜씨와 그 내용이 사
람을 탄복하게 만든다. 그것도 소개한다. 박영우 시인의 시
〈부음〉에 대한 시평이다.

조간신문에 / 흑백 사진 한 장과 함께 실린 / 부음란을 바라볼

때면 / 죽어라 하고 싶은 일만 하다가 / 사랑하고 싶은 사람만 사랑하다가 / 죽어가고 싶다. ― 박영우 시집《사랑은 없다》(문학수첩) 중에서

이 아침, 세수를 하고 조반을 먹으며 출근 준비를 서두르는 팽팽한 긴장의 시간, 신문 한 모퉁이에선 간밤에 몇 사람을 데려갔구나. 가끔 익숙한 이름을 보며 끌끌 혀를 차기도 하지만 타인의 부음은 다만 정보일 뿐. 우리는 신문을 말아 쥐고 저마다 바삐 먼 무덤으로 향한다.

대체 무슨 사업을 벌이고 있는 걸까. 죽음은 완전 고용. 나이도, 학력도, 연줄도, 인물도, 시험도, 면접도, 적성도, 월급도 불문. 모두들 데려다가 꽃단장 시켜놓고 별 타령 부르는 신선놀음인지, 이승의 전과만큼 재봉틀 달달 박는 박음질인지, 그도 저도 아니면 오염된 은하수 변에 비닐 깡통 쓰레기 줍는 영세민 취로사업을 시키는지 여하튼 죽음은 태고 이래 완전 고용. 사고를 통한 수시 고용. 노화를 통한 정기 공채. 전쟁을 통한 대거 특채.

'죽어라 하고 싶은 일만 하다가 / 사랑하고 싶은 사람만 사랑하다가' 죽고 싶은 게 저이뿐일까. 현실은 하고 싶지 않은 일이 나를 먹여 살리며, 사랑하고 싶지 않은 사람이 내 생사여탈을 쥐고 있지는 않은가.

내용은 '알 수 없음'이지만 형식은 '엄연한' 죽음. 죽음은 죽기

전까지는 '저기 저곳'의 일이지만 그걸 인식하는 순간 '여기 이 곳'에 영향을 미친다. 부음란을 보며 삶의 군더더기를 덜어낼 수 있다면.[4]

어떤가. 이런 글들은 일간지에서 일회성으로 끝나기에는 너무 아깝지 않은가. 요즘은 이런 걸 '퍼나르기'라고 하던가. 하여간 이런 형식으로라도 이 글들이 몇 명이라도 더 독자를 만나고 이들의 이름이 조금이라도 더 알려지고 그렇게 해서 한국어라는 언어의 질적 향상에 기여하게 되기를 기대한다.

---

4) 〈D일보〉, 2003년 12월 1일자.

나의 조촐한 음악 미학

철학에는 논리학, 윤리학과 더불어 미학이라는 분야가 있고 그 미학의 한 특수 분야로 음악미학이라는 것이 있다. 작곡, 연주, 감상 모두에서 그것의 의미를 찾고, 본질과 아름다움에 대해 논하는 학문이 음악 미학이다. 나름의 역사와 체계도 있지만, 넓게 보자면 어떤 형태든 음악에 대한 나름의 견해 내지 일가견을 음악 미학이라고 칭해도 무방하리라 본다.

나는 개인적으로 음악을 좋아하고 그 특출한 재능의 보유자를 몹시 우러러보고 부러워한다. 대개의 사람들이 그렇겠지만, 만들고 연주하고 부르는 재주가 없으니 그냥 듣기만 하는 편이다. 그것이 연주든 노래든 그 '소리의 조합과 흐름'이 감성적 존재인 우리네 인간의 삶에서 작지 않은 의미가 될 수 있음을 나는 인정한다. 말하자면 그것은 좋은 어떤 것,

의미 있는 어떤 것, 가치 있는 어떤 것이다. 그것은 귀와 가슴을 위해 존재한다. 아니, 어쩌면 귀와 가슴이 그것을 위해 존재하는 것인지도 모른다. 그것이 우리의 삶의 한 순간 한 장면에 대해 질을 높여준다. 감상을 포함한 음악 행위 자체가 곧 질적인 행위인 것이다.

물론 모든 음악이 모든 사람에게 다 좋은 것은 아니다. 그것은 칸트가 말했듯이 기본적으로는 '취미(Geschmack)'다. 그러니 객관적으로—아프리오리하게—모든 이에게 좋은, 그런 '기준' 같은 것을 정할 수는 없다. 나의 기준은 일단 '작품'의 기준과 동일하다. 즉 두 번 이상 듣고 싶어지는 것, 비용을 지불하고서라도 소장하고 싶은 것이다. 그런 게 작품성 있는 좋은 음악이다. 쉽게 말해, 나에게 좋은 것이 좋은 것이다. 물론, 나에게 좋은 것이 다른 누군가에게는 싫은 것일 수도 있다. 내 아주 가까운 지인 S에게 이런 이야기를 들은 적이 있다. 그는 1970년대에 20대 청춘 시절을 보낸 사람답게 통기타와 포크송과 팝송을 엄청 좋아했고 영화음악과 클래식 명곡도 엄청 좋아했다. 그런데 20대 초반의 하나 있는 아들 녀석이 허구한 날 고막이 터질 것 같은 소위 헤비메탈 음악만 듣고 있기에 자신의 청춘을 회고하며 "이런 것도 들어야지" 하고 넌지시 클래식 명곡을 들려줬더니 한동안 듣고 있던 그 녀석이 신경질적으로 그것을 탁 꺼버리며 "토할 것 같아"라고 중얼거리더라는 것이다. 아연실색했다며 그는 웃었다. 그는 저명한 음악 평론가이기도 하다. 그게 실상이다. 내 귀가 좋아한다고 남의 귀도 좋아하는 것은 아니다. 나에게 좋은 것이 다른 누군가에게는 싫은 것일 수도 있는 것이다. 그러니 그걸 인정하고, 전제로 하고, 음악을 말해본다. 음악은 일단 내 귀에 좋은 것이 좋은 것이다.

나의 경우는 역시 1970년대의 흘러간 팝송, 포크송, 영화음악, 클래식 경음악, 그리고 최근에 이르기까지의 드라마 삽입곡 등을 엄청 좋아한다. 그것이 생활에 크나큰 즐거움을 준다. 최근에 엄청난 인기를 끌고 있는 트로트는 그 영웅들의 엄청난 가창력에도 불구하고 그다지 좋아하지 않는다. 거창한 교향곡 계통도 육중한 것은 별로 좋아하지 않는다. 유명한 바그너나 차이콥스키 같은 것도 심지어 시끄러운 소음이라고 느끼는 편이다.

좋아하는 곡도 너무 많은데 클래식이라고 해서 굳이 싫은 것까지 들을 필요는 없다. 좋은 것들이 정말 많아도 너무 많다. 나는 그런 곡들을 쓴 사람들은 정말 천재라고 생각한다. 최근의 것들 중에서는 〈겨울연가〉의 삽입곡들 거의 전부, 드라마 〈나의 아저씨〉의 삽입곡인 손디아의 '어른' 같은 것도 명곡이다. 예전 것들 중에서는 영화 〈미션〉의 삽입곡 '넬라 판타지아'도 그렇고 〈닥터 지바고〉의 '섬웨어 마이 러브' 같은 것도 불후의 명곡이다. 생상스의 '백조'나 슈만의 '트로이메라이'나 라흐마니노프의 '파가니니 주제에 의한 랩소디'나 슈베르트의 '세레나데'나 엘가의 '사랑의 인사' … 같은 건 굳이 말할 필요도 없다.

그런 것 중의 하나로 영화 〈클래식〉의 주제가였던 한성민의 '사랑하면 할수록'이 있다. 유영석 작사 작곡이다. 나는 이 곡을 엄청 높이 평가한다. 마치 무슨 약처럼 마음에 스며든다. 그런데 최근 유튜브에서 중국판 '클래식 피아노곡(经典钢琴曲)'을 듣다가 거기에 이 곡이 포함되어 있어 깜짝 놀랐다. 그런 류의 모음곡에는 거의 대부분 들어가 있다. 우리 것을 좋아해주니 물론 반가웠다. 하지만 그게 한국 곡이라는 설명은 어디에도 없었다. '이건 아니지'라는 느낌이 곧바로 들었다. 한복이 중국옷이고 김치를 파오차이라고 하는 것도 비슷한 경우일까? 거기에도 '질'의 문제가 있다. 중국의 불량한 도덕적 수준을 보여주는 것이다. 물론 중국의 음악 수준도 만만하게 볼 수는 없다. 예컨대 중국 드라마 〈랑야방〉의 주제가 '홍옌쥬(红颜旧: 고운 얼굴 빛바래고)' 같은 것은 역시 대단한 명곡이다. 한국에서도 유명하고 인기 있는 '웰량따이뺘오워디신(月亮代表我的心: 달이 내 마음 대변하네)' 같은 곡도 충분히 중국의 자랑이 될 수 있는 명곡이다. 그런 게 역시 엄청나게 많다. 저 대단한 중국 친구들이 굳이 '무단 도용'으로 중국 음악의 질과 격을 떨어뜨릴 필요가 있겠는가.

음악과 관련해서 이런 문제도 있다. 아마 다른 사람들도 느낀 적이 있을 것이다. 나는 강변에서 자전거 타기나 산길

걷기를 좋아하는데, 그럴 때, 다른 사람들은 전혀 아랑곳없이 자기가 좋아하는 뽕짝을 엄청나게 크게 틀어놓고 들으며 지나가는 사람을 심심치 않게 자주 만나게 된다. 버스나 택시에서도 종종 그런 류의 시끄러운 음악을 억지로 듣게 되는 경우가 있다. 그런 것은 내 의지와 상관없이 들려오는 새소리-벌레소리-물소리-바람소리와는 근본적으로 다르다. 눈살이 찌푸려진다. 그런 것은 기본적인 공중도덕에 위배된다. 심하게 말하면 일종의 폭력이다. 자기 귀가 아무리 그 노래를 좋아하더라도 남들은 그것을 싫어할 수도 있다는 것은 전혀 고려하지 않는다. 그런 행위들이 그때그때 우리의 삶의 질을 여지없이 떨어뜨린다. 그런 것은 참 싫다. 저질인 것이다. 우리는 귀와 감성을 지닌 존재로서 좋아하는 소리, 좋아하는 음악만을 들을 권리가 있다. 이른바 인권의 한 부분이다. 철학자와 음악인이 모여 음악권리장전이라도 만들어야 할지 모르겠다.

K-철학

"아파 보아야 건강의 가치를 알 수 있고, 늙어 보아야 시간의
가치를 알 수 있다."

어느 지인이 SNS에 올린 글 중에 이런 문구가 있었다. 당
연히 멋진 말이다. "세한연후 지송백지후조야(歲寒然後 知松
柏之後彫也: 날이 추워진 다음에야 소나무 잣나무가 늦게 시
듦을 안다)"라는 저 유명한 공자의 말과 구조적으로 엇비슷
하다. 이런 것도 있었다.

"웃음소리가 나는 집에는 행복이 와서 들여다보고, 고함소리가
나는 집에는 불행이 와서 들여다본다."

"지옥을 만드는 법은 간단하다. 가까이 있는 사람을 미워하면

된다. 천국을 만드는 법도 간단하다. 가까이 있는 사람을 사랑하면 된다."

이런 말들에는 일단의 진실이 담겨 있다. 철학이다. 지금 우리 사회에서는 이런 종류의 철학들이 사람들 사이에서 은근히 통용된다. 총체적인 철학 부재의 시대에 그나마 이런 식으로라도 철학적인 언어가 사람들 사이에 돌아다닌다는 것은 다행한 일이다. 질의 향상에 기여하기 때문이다. 우리는 이런 식의 단편적-직관적 지혜에서 'K-철학'의 한 가능성을 찾는다.

눈여겨보면 주변에 이런 식의 언어들이 의외로 많다. 소위 'K-팝'의 가사나 한류 드라마의 대사에도 제법 많다. BTS가 부른 '작은 것들을 위한 시'에도 보면 "널 알게 된 이후 내 삶은 온통 너 / 사소한 게 사소하지 않게 만들어버린 너라는 별 / 하나부터 열까지 모든 게 특별하지 / 너의 관심사 걸음걸이 말투와 / 사소한 작은 습관들까지 / 다 말하지 너무 작던 내가 영웅이 된 거라고 / 난 말하지 운명 따윈 처음부터 내게 아니었다고 / 세계의 평화 / 거대한 질서 / 그저 널 지킬 거야 난…"이라는 가사가 있는데 이른바 포스트모더니즘을 반영한 엄연한 철학이다. "사소한 게 사소하지 않게 만들어버린 너라는 별", 특히 이런 말은 일종의 시대정신을 반영하고 있다. '거대서사' 이후의 광경이다. 이런 방향이 우리에게

'삶의 길'을 열어준다. '너라는 별'을 지키는 것이다. 그런 '영웅'이 되는 것이다. 대중가요의 가사라고, 젊은 아이들의 노래라고, 이게 철학이 아닌 건 아니다. 삶의 자세, 삶의 방향을 제시하고 있는 만큼 엄연한 철학이다. 세계의 젊은이들은 호응한다.

"인생은 나그네길 / 어디서 왔다가 어디로 가는가 / 구름이 흘러가듯 떠돌다 가는 길에 / 정일랑 두지 말자 미련일랑 두지 말자 / 인생은 나그네길 / 구름이 흘러가듯 정처 없이 흘러서 간다." 유명한 최희준의 옛 노래 '하숙생'도 인생의 본질을 건드린다는 점에서는 역시 철학이다. 주변을 뒤져보면 이런 식의 철학적 의미를 담은 언어들이 하나둘이 아니다. "진정한 언어는, 꼭 지금이 아니더라도, 언젠가 어디선가 그것을 들어주는 귀를 만나게 된다." "가족이란, 나 아닌 나, 나보다 더 나, 그런 존재다." "사랑의 본질은 'because of'가 아니라 'in spite of'라는 것이다." "대부분의 명성은 모래 위에 쓰인다. 아주 드문 이름들만이 바위 위에 새겨져 저 역사의 풍화를 견디어낸다." "모든 발걸음에는 방향이 있다. 그리고 발자국을 남긴다. 그 방향과 발자국이 그 주인의 정체를 알려준다." … 무수히 많다.

신문기사의 댓글들에서도 '철학급'의 발언들이 적지 않다. 그런 것을 찾아서, 모아서, 이제 'K-철학'으로 실체화해보는 건 어떨까. 종류와 형식은 좀 다르지만 우리는 아무래도 저 독일인 못지않게 철학을 사랑하는 민족인 것 같다. 굳이 저 칸트나 헤겔처럼 거대한 체계를 이룰 필요도 없다. 그런 건 이제 사람들에게 별 인기가 없다. 짧은 한마디라도 그게 나에게 지키고 싶은 '별'이면 된다. 단편의 힘이라는 것도 분명히 있다. 대표적인 사례가 저 공자의 《논어》다. 그 언어들은 한결같이 문맥이 사라진 단편이지만 엄청난 위력을 갖는다. 그런 힘 있는 언어들로 세계인의 마음을 두드려야 한다. K−철학이 참고해야 할 중요한 사항이다. 이런 K−철학이 책으로 세계시장을 석권하는 것은 헛된 꿈일 것이다. 그러나 우리에게는 저 K−팝이나 한류 드라마라는 그릇이 있지 않은가. 거기에 담아 멋진 플레이팅을 하면 된다. BTS가 쉬는 동안 그런 구상을 좀 더 해줬으면 좋겠다. 철학은 도와줄 준비가 되어 있다. 이 책도 그중 하나다.

한글, 만족하세요?

한글에 대해 생각해본다. 이것은 우리 민족의 역사에서 최고의 자랑거리 중 하나임에 틀림없다. 이런 수준의 창제된 문자가 다른 나라에도 있다는 이야기는 별로 들어본 바가 없다. 알파벳이나 한자에 비해 그 세력은 약하지만 그 질에 있어서는 그것들을 훨씬 능가한다. 컴퓨터 자판을 써보면 알파벳을 능가하는 그 편리성에 감탄을 하게 된다. 그런 점에서 한글은 우리 한국인들에게 일종의 성역이다.

그러나 그런 한글을 위해서라도 '신성불가침'은 좀 위험할 수가 있다. 그래서 굳이 이 한글에 대해 좀 시비를 걸어볼까 한다. 분명히 좋기는 하지만 현행 한글이 '완벽'하지는 않기 때문이다. 개선 내지 발전이 필요하기 때문이다. 생각나는 대로 그 보완점을 몇 가지 나열해본다.

우선, 그 자음의 명칭이다. 기역, 니은, 디귿, 리을 … 아주 익숙하다. 에이, 비, 씨, 디 …에 비해 참 가지런하다. 그런데 이 명칭에 예외가 있음을 우리는 잘 알고 있다. 기역, 디귿, 시옷이 그것이다. 그 이유도 우리는 잘 알고 있다. 훈민정음 반포 당시, 낯선 이 글자들을 익숙한 한자 발음으로 적다 보니 윽, 읃, 읏에 해당하는 한자가 없어 그 비슷한 발음의 한자(役, 末, 衣)를 골라 썼다. 그러다 보니 그렇게 굳어져버린 것이다. 그런데 이젠 시대가 달라졌다. 굳이 한자 발음에 신경을 쓸 필요가 없어진 것이다. 그렇다면 이젠 그것을 당초의 의도대로, 기윽, 디은, 시읏으로 고치는 게 마땅한 것이다.

다음, 외국어 표기에 한계가 있다. 예컨대 영어의 f, l, v, th, 독일어의 c, ch, z, ö, ü, 중국어의 走, 元, 일본어의 つち, 金銀(きんぎん) 등등의 한글 표기에 문제가 있다. 실제 발음과 한글 표기 사이에 괴리가 너무 크다. 그래서 무리한 한글 표기가 아주 이상하거나 아주 촌스럽게 들린다. 영 불가능하다면 모를까 가능한 길이 있다면 개선하는 것이 좋지 않겠는가.

예컨대 일부 사라진 글자를 되살리는 것도 한 방법이다. 대표적인 것이 'ㅿ'이다. 'ㅈ'과는 발음이 다르다. 예컨대 독일어의 'S'는 이 세모로 정확하게 표기된다. 게다가 이 'ㅿ'의 된소리인 쌍세모를 사용하면 독일어의 'Z' 등 더 많은 외국어를 정확하게 표기할 수 있다.

무엇보다 아쉬운 것이 영어 등의 'f/ph' 표기다. 현재는 이 것을 일괄적으로 'ㅍ'으로 표기한다. 너무나 어색하고 불편한 혼란을 야기한다. 이 경우는 'ㅍ' 위에 'ㅎ'처럼 점을 하나 찍은 글자를 추가하면 간단히 해결된다.

'l'의 경우는 굳이 앞 글자 받침에 리을을 나누어 적지 않더라도 쌍리을을 만들어 쓰면 역시 간단히 그 표기가 해결된다.

'v'의 경우도 'ㅂ'의 아랫부분을 'v'처럼 뾰족하게 쓰면 간단히 해결된다. 'th'도 현재는 'ㅅ'으로 표기해 아주 어색하게 들리는데 이것도 'ㄷ' 위에 'ㅎ'처럼 점을 하나 찍은 글자를 추가하면 간단히 해결된다. 혹은 'ㄸ'도 괜찮다. 독일어의 'c' 발음은 '△' 위에 'ㅈ'처럼 가로줄을 하나 그어주면 역시 정확하게 표기된다. 중국어의 '菜(cai)' 등의 발음도 그것으로 정확히 표기된다. 이중모음도 많다. 예컨대 중국어의 '元(yuan)'은 현재 '위안'으로 표기되는데 너무나 어색하다. 엄밀히 말하면 틀린 표기인 것이다. 이 경우는 모음 부분을 'ㆌ'로 표기해주면 역시 정확히 표기된다. 어려운 일이 아닌 것이다. 문제는 발상의 전환이다. 고집을 버려야 한다. 한글의 우수성을 입증하기 위해서라도 지금 같은 글로벌한 시대에는 이런 한글 개혁이 꼭 필요하다.

다음, 현행 외래어 표기법도 문제가 많다. 현지 발음과 너무나 괴리가 크다. 굳이 오렌지를 '아륀쥐'로 표기하는 것은 오버이지만, 'father'를 '파더'라고 표기하는 것은 못난 짓이다. 독일어의 '에얼랑엔'을 '에르랑겐'으로 표기하고 '바하'를 '바흐'로 표기하는 것도 말이 안 되고 일본어의 '킨긴(金銀)'을 '긴긴'으로 표기하는 것도 말이 안 된다. 금메달과 은메달이 같은 게 되어버린다. 일본어처럼 글자가 아예 없거나 방법이 없다면 모를까 한글은 조금만 수고하면 개선과 발전이 얼마든지 가능한 우수한 문자인 것이다. 이것을 제대로 살리지 못하면 수고하여 이것을 만든 세종대왕께 죄송한 일이다.

철학자가 한글 운운하는 것은 주제넘은 월권인지 모르겠다. 하지만, "어린 百姓빅셩이 니르고져 훓배 이셔도 ᄆᆞᄎᆞᆷ내 제 ᄠᅳᆮ을 시러 펴디 몯훓 노미 하니라." 하는 것이 여전히 현실인 만큼 이런 의견 개진이 철학이 아니라고도 할 수 없겠다. 언어의 질적 문제이기도 하기 때문이다. 이는 국립국어원에 보내는 탄원서이기도 하다. 부디 언젠가는, 아니 조만간, 이것이 심각하고 진지하게 논의되기를 기대한다.

'우리말'에 대한 한 소고

내가 속해 있는 한 전문학회에 '우리말로 철학하기'를 내세우고 열심히 애쓰는 동료들이 있다. 동조하는 이도 있고 삐딱하게 보는 이도 있다. 나는 일정 거리를 두고 그들의 활동을 그저 흥미롭게 지켜본다. 이런 식의 '거리두기'는 자칫 찬성파와 반대파 양쪽 모두로부터 미움 받을 우려가 있지만 이것도 하나의 '입장'임은 인정받을 필요가 있다. (참고로 정치적 견해도 꼭 마찬가지다. 예민한 이슈에 대한 양비론과 양시론은 그리고 중도론은 별로 인기가 없거나 공격 대상이 되기도 한다.)

나는 누구 못지않게 '한국어'를 사랑하는 사람이지만, 토착화된 외래어를 굳이 적대시하지는 않는다. 통계조사를 본 적은 없지만 한국어의 절반 이상이 아마도 (원래 중국어인) 한자어로 되어 있을 것이며, 커피, 트럭, 버터, 빵, 스파게티

등 영어를 위시한 서구어도 엄청나게 많을 것이다. 다꽝, 와리바시, 벤또, 이까 등 일본어는 대부분 퇴출되었지만, 노견, 언도, 지분 등 아직 남아서 통용되는 것도 제법 있다. 철학, 과학, 납득, 각서, 견본, 낙서, 역할, 입장, 취급 등은 원래 일본 태생이지만 그게 일본어라는 사실 자체를 모르는 경우도 많다. ('과학'은 심지어 우리의 원수 이토 히로부미가 만든 말이다.) 외국어의 과용은 확실히 좀 꼴불견이지만 문맥 속에서 자연스럽게 통용된다면 그 '시민권'을 인정해줄 필요가 있다. coffee는 영어지만, 커피는 한국어인 것이다. 없던 우리말을 만들어 외국어를 축출할 수 있다면 그것도 좋은 일이다. 오뎅 대신 어묵, 다꽝 대신 단무지, 피처-캐처 대신 투수-포수를 정착시킨 것은 훌륭한 모범 사례다.

그런데 우리말주의자들이 사용하는 이른바 '순우리말'이란 말들 중에는 의미 불명인 채 거의 통용되지 않는 것들도 없지 않다. 이를테면 '막치', '혜윰', '윤슬', '미르' 등등 그 수도 적지 않다. 70년 가까이 한국인으로 살아왔지만 50이 넘기까지 거의 들어본 적이 없던 한국말이다. 여기서 처음 들어보는 분들도 아마 없지 않을 것이다. 이 중 일부는 그 어감이 아주 좋아 적극 유통되어 확실히 자리 잡았으면 하는 것들도 있다. '혜윰', '윤슬', '미르' 등이 다 그렇다. '생각', '물비늘/잔물결', '용'보다는 어감이 확실히 더 좋다.

일부 사투리에도 그런 것이 있다. '짠하다' 같은 전라도 방언은 사용하는 이가 많아 거의 표준어가 되다시피 했다. '아재/아지매', '할배/할매' 같은 경상도 방언도, '얼추' 같은 충청도 방언도 마찬가지다. 경상도 방언 중 '단디 하다' 같은 것도 거의 전국적으로 이해된다. '파이다(별로다/안 좋다)', '포시랍다(고생 없이 호강스럽다)', '덧정없다(두 번 다시 겪고 싶지 않다)' 같은 말도 보급 대상이다.

'뫼'나 '가람', '하늬', '라온(즐거운)', '미리내' 같은 고어는 이미 어색해 그것을 되살리는 것은 쉽지 않겠지만, 사람들이 자꾸 사용해 통용이 되면 자연스러운 현대 한국어로 자리 잡을 수도 있다. '에미나이'나 '얼음보숭이' 같은 북한말도 마찬가지다.

'갓길', '꽃샘추위', '에움길', '그녀', '거리두기'같이 새로 만들어서 통용시킨 아주 좋은 사례들도 있다. '시나브로', '둔치', '도시락'처럼 옛말을 되살려서 정착시킨 사례들도 있다. 한편 '걸상', '말본', '셈본'처럼 한때 통용되다가 슬그머니 사라져버린 말들도 더러 있다.

참고로 독일어에도 월화수목금토일의 요일을 나타내는 말들이 모두 −tag로 끝나는데 토요일인 Sonnabend만이 그 형태가 달라 Samstag라는 방언이 그 대신 거의 표준어처럼 통용되기도 한다.

언어는 생물이라 끊임없는 변화를 겪는다. 천 년 전, 백 년 전의 한국어와 지금의 한국어가 다르듯 백 년 후, 500년 후의 한국어도 지금의 한국어와는 다를 것이다. 그래서 지금 우리의 언어 사용이 중요한 의미를 갖는 것이다. 나는 미래의 한국어가 지금보다 더 편리하고 아름다운 것이 되기를 희망한다.

탈아입미(脫亞入美)

어느 나라나 민족이나 기나긴 역사를 보면 그 흥망성쇠를 결정하는 운명적인 변곡점 같은 게 있다. 우리에게는 19세기 조선 말이 아마 그런 것에 해당하리라. 그때 우리는 그 역사의 움직임을 제대로 보지 못하고 멍청히 있다가 일본에게 역사상 가장 치욕적인 침략을 당하고 말았다. 일본으로서는 아마 그들의 역사상 가장 자랑스러운 시대였을 것이 틀림없다. 지금도 저들은 서구 열강들과 어깨를 나란히 하며 승승장구하던 그 시대를 그리워하고 있다.

그런데 아시아의 변방이었던 저들은 어떻게 그것을 가능하게 만들었을까? 역사학적으로 검토해보아야 할 것이 하나둘이 아니겠지만 그 요인 중 하나로 이른바 '탈아입구(脫亞入歐)'라는 것을 주목하지 않을 수 없다. 일본 근대화의 선봉장 중 하나인 후쿠자와 유키치가 내세운 구호다. "(후진적) 아시아를 벗어나 (선진적) 유럽에 들어가자"는 것이다. 1853년 미국 함대인 이른바 '쿠로후네(黑船)'의 도래로 서구의 존재와 위력을 확실히 인식한 저들은 거국적으로 그 문물을 수용하며 착실히 실력을 키워나갔다. 그 결과가 바로 우리가 아는 청일전쟁-러일전쟁의 승리, 조선-대만 병탄, 만주-중국 침략, 그리고 동남아 등으로의 전선 확대였던 것이다. 하늘도 칠 듯한 저들의 야욕은 미일전쟁의 패배와 항복으로 마무리되었지만, 패전 후의 부흥과 한때 G2를 거쳐 G3가 된 지금까지의 행보를 보면, '탈아입구'라는 것이 일종의 비결로서 성공을 거둔 것은 부인할 수 없는 사실이다. 일본인들 자신은 물론 유럽인들의 의식 속에서도 저들은 일종의 '명예 백인'으로 자리매김되어 있다. 'made in Japan'의 선호와 고흐 등 인상파 화가들에게까지 영향을 준 19세기의 저 '자포니슴'도 그 한 상징이다. 저들은 역사의 변곡점에서 그 기회를 놓치지 않고 상승 기류에 올라탔던 것이다. 원래 저들에게는 바깥의 좋은 것을 본능적으로 지향하는 일종의 '해바라기즘'이라는 의식이 있다. 그것을 제대로 살린 셈이다.

자, 그렇다면 우리는? 당시의 열세와 패배는 역사적 사실이므로 인정할 수밖에 없다. 저들에게 도덕적 반성을 거듭 요구하는 것은 사실상 의미가 없다. 저들은 문(文)의 역사보다 무(武)의 역사가 오랫동안 주류였다. (물론 헤이안(平安) 시대 귀족들의 '문'은 《겐지이야기(源氏物語)》, 《고금와카집

(古今和歌集)》 등을 비롯해 만만찮은 수준을 보여준다.) 강과 승은 선이요 약과 패는 악이라는 가치관이 저들의 유전자 속에 깊이 새겨져 있다. 우리가 저들보다 더 강해져서 저들을 이기지 않는 한 백날 반성과 사과를 요구한들 아무 소용없다. 저들은 납득할 턱이 없다.

강해져서 이겨야 한다. 천 년 전의 백마강 전투와 400년 전의 노량해전이 답인 것이다. 달리는 설욕의 방도가 없다. 우리는 해방 이후 우리대로 착실한 발전을 하여 기적 같은 성과를 이룩했으며 바닥권에서 대략 세계 6위권(최소한 10위권)의 강국으로 도약했다. 거기에도 비결은 없지 않을 것이다. 그게 뭐지? 역시 역사학적-사회학적으로 살펴봐야 할 것이 태산 같을 것이다. 그중 하나로 우리는 '탈아입미(脫亞入美)'라는 것을 지적하지 않을 수 없다. '중-일의 세력권을 벗어나 미국에 들어갔다'는 것이다. 이건 일본의 경우와 달리 누가 내건 구호가 아니었다. 자연스레 흘러간 동향이 결과적으로 그리 된 것이다. 그 단초는 누가 뭐래도 하버드-프린스턴 출신인 이승만의 공적이었다. 공과나 찬반을 떠나 인정하지 않을 수 없는 부분이다. 미국이 참전한 6·25전쟁과 미국에 협력한 베트남 전쟁은 그것을 결정적으로 가속화시켰다.

우리 사회 일부의 반미는 나름 이유가 없지 않겠으나 '미국이 없는 한국의 발전'은 성립 불가능이다. 깃발 든 자도 없건만 그 '탈아입미'는 지금도 진행 중이다. 지금 우리 국민들

중에 한두 다리 건너 미국에 아는 친지나 친구가 없는 이는 거의 없을 것이다. 국가나 학계의 요직도 거의 태반이 미국 유학파다. 법률도 제도도 다 미국식이다. 문화도 마찬가지다. 싸이도 BTS도 〈기생충〉, 〈미나리〉, 〈오징어게임〉도 결국 미국을 통해 히트를 쳤다. 우리 생활에 필수불가결인 MS도 구글도 애플도 유튜브도 페북도 … 다 미국 것이다. 그리고 탈아입미의 한 상징이 아마도 저 '이태원 참사'일 것이다. 그 젊은이들은 모두 '할로윈 축제'라는 미국 문화에 자발적으로 너무나 자연스럽게 동참했던 것이다. 논의해야 할 것은 물론 산더미다. 그러나 그 방향은 이미 거스를 수 없다. 우리는 더욱더 가속 페달을 밟을 필요가 있다. 누군가는 눈에 쌍심지를 돋우겠지만, 반미는 사실상 의미 없다. 북한과 중국-러시아만이 쾌재를 부를 것이다. SS, LG, SK, HD처럼 (그리고 저 유대인들처럼) 우리는 미국 깊숙이 더 들어가 저들의 심장부를 장악해야 한다. 거기에 보이지 않는 태극기를 꽂아야 한다. 실력만이 그것을 가능케 해줄 것이다.

아무도 들지 않겠다면 나라도 그 깃발을 들어야겠다. '탈아입미'다. 역사 내내 우리를 괴롭혀온 중국과 일본의 세력권을 떠나 G1인 미국으로 들어가자. 어차피 미국은 이민국가다. 들어가 깃발을 꽂으면 거기도 또한 '우리나라'다.

문자의 죽음

21세기를 사는 철학자의 한 사람으로서 이 주제를 건드리지 않을 도리가 없다. 시대적 문제이기 때문이다.

"문자가 사망했다." 이 말은 아마도 "신은 죽었다"고 한 저 차라투스트라/니체의 말보다 더 스산한 울림으로 우리에게 들려온다. 알다시피 문자는 우리 인간을 위대하게 만든 결정적 요소의 하나였다. 그것은 이른바 문화와 학문의 기초였고 '역사'와 '선사'를 나누는 기준이 되기도 했다. "인간은 언어적(이성적) 동물(zoon logon echon)"이라고 규정한 아리스토텔레스도 아마 그 언어를 '문자'로 인식했을 것이다. 그가 남긴 엄청난 저작들 자체도 그 한 증거가 된다. 우리는 그 문자를 통해 지식과 지혜를 습득했고 타자와 후대에 그것을 전수했다. 적어도 3천 년 이상 그것은 우리네 삶의 당연한 조건이었다. 우리는 문자 즉 글자와 글을 배우며 삶을 시작했다. 우리가 세종대왕 이도를 민족사 최고의 영웅으로 받드는 것도 다른 무엇보다 '훈민정음' 즉 '한글'이라는 문자를 창제한 그의 공적 때문이다.

그런데… 이젠 '거의 아무도' 이 '문자'를 (글을) 읽지 않게 되었다. 읽지 않다 보니 쓰지도 않게 되었다. 물론 읽기도 쓰기도 0은 아니다. 지금도 엄청난 책들이 시중에 쏟아져 나오기는 한다. 그러나… 책이라고 글이라고 다 글은 아니다. 좀 과장하자면 없느니만 못한 것들이 거의 태반이다. 그리고 아무리 좋은 글이라도 그걸 읽지 않는다면 무슨 소용인가. '읽지 않음'은 우리 시대의 일반적이고 보편적인 현상이 되었다. 특히 젊은 세대가 이 '글'이라는 것을 읽지 않는다고 한다. 글을 읽고 쓰는 것이 인생의 '거의 모든 것'이었던 나 같은 사람의 입장에서는 이런 세태를 '문자의 죽음(글의 죽음)'이라고 인식하는 게 절대 과장이 아니다.

몇 년 전부터 낌새가 좀 수상하기는 했다. 문자의 콜록거림이 들리기 시작했다. 이른바 블로그라는 것이 유행하다가 슬그머니 퇴조하더니 요상한 축약어와 함께 트위터라는 짧은 글이 그것을 대체했고 페이스북이라는 것이 사진/영상과 함께 등장하더니 문자는 보조 역할로 위축되었다. 이제는 그마저도 영상 위주인 '인스타그램'에 밀리는 모양새다.

한편에서는 유튜브와 틱톡의 영상들이 막강한 권력자로

등극했다. 대세인 스마트폰에서도 '글'은 거의 존재감이 없다. 1990년대 저 프랑스의 데리다가 '에크리튀르'니 '그라마톨로지'니 하는 말로 소위 '문자언어'를 '음성언어'에 대해 변호하고 강조한 것도 어쩌면 그가 그 문자언어의 몰락을 예감한 역설적 징조였는지도 모른다. 막강한 사회적 영향력을 행사하던 신문의 퇴조도 TV를 시작으로 영상언어가 전횡하는 이런 시대 상황과 무관하지 않다. 출판업의 쇠락도 마찬가지다. '독서'라고 하는 인간의 문화적 행위가 석양처럼 저물어 간다. 아니 이미 저물었다. 지금은 바야흐로 언어의 밤이다.

우리 시대는 과연 '다음 시대'를 염려하고 있는 것일까? 안중에도 없어 보인다. 다음 시대는 우리가 없을 테니 상관없는 것일까? 천만에. 그 '다음 시대'엔 우리의 자식들이 살고 있을 것이다. 누구에게 물어보든 '자식'은 대개 '자기 자신보다 더욱 소중하다'고 답한다. 그 아이들의 시대가 지금보다 그리고 과거보다 더 못하다면 누군들 걱정이 되지 않겠는가. 그 아이들을 위해서라도….

각성해야 한다. 문자의 부활, 글의 부활을 위해 촛불을 아니 횃불을 들어야 한다. 문자의 무덤 위에 자라난 영상이라는 거대한 나무를 베어버리거나 뽑아버리거나 할 수는 없겠지만, 우리는 또 다른 형태로라도 문자/글의 묘목을 심어야 한다. 그렇게 해서 쓰기와 읽기라는 선순환을 다시 되살려야 한다. 그래야만 우리는 비로소 '인간'이 된다.

그러기 위한 제도적인 장치가 절실히 필요하다. 3대 교육 채널 즉 가정교육, 학교교육, 사회교육에서 훌륭한 글들이 제공되고 보급되어야 한다. 어떤 점에서는 강제되어야 한다. 그것은 정치의 몫이다. 정치는 인간을 위한 것이다. 공자가 《논어》에서 45번이나 '정치'를 언급한 것은 절대 우연이 아니다. 그는 그 정치의 중요성을 누구보다 잘 알았던 것이다. 그런데 우리의 정치는…. 에휴. 말을 말자. 신문을 읽기가 싫어진다. 이래서 사람들이 자꾸 입을 닫고 붓을 꺾고 있는가 보다. 시대의 상징으로서 다시 한 번 신음 같은 쓰디쓴 한마디를 되뇌어본다. "그리하여 문자는 죽고 말았다."

범인은 바로 읽지 않는 당신이다.

천하다

　대통령 선거, 국회의원 선거, 시도지사 선거 등 주요 선거를 치르면서 그리고 국무위원 청문회를 지켜보며 우리는 매번 참담한 심정에 빠져든다. 그 공방을 통해 소위 '주자' 및 '후보'들과 그 주변 인물들의 말과 행태가 만천하에 드러나고 그것을 두고 마치 공식처럼 '서로 쥐어뜯기' 난타전이 펼쳐지기 때문이다. 이젠 그런 게 아주 당연한 듯 여겨지기도 한다. 그들 중 누군가는 '당선자'가 되고 '권력자'가 된다. 그런 그들이 그대로 고스란히 '나라'를 대표하는 이미지가 되는 것이다. 국제무대에서도 그 행태는 별로 달라지지 않는다. 천하다. 쌍스럽다.

　당사자들의 문제적 언행도 그렇지만, 그 꼬투리를 잡고 얼씨구나 하고 비난전을 벌이는 반대쪽도 별다를 바 없다. 일단 흠집 내서 이미지를 훼손하고 보자는 식이다. 여론도 거기에 반응을 하니 재미를 들였다. 그런 건 더 천하고 더 쌍스럽다. 경고하고 질타해야 할 언론도 오히려 부채질을 한다. 그런 일들을 하느라고 나라와 백성과 도민―시민의 삶은 그들의 안중에서 멀어진다. 뉴스 보기가 민망하고 겁이 난다. '뭣이 중헌디?' 소리가 절로 난다.

산업화―민주화를 거친 우리나라가 향후 나아가야 할 유일한 방향은 이제 '선진화', '고급화'밖에 없다. 질적인 고급화를 통해 세계 최고를 지향해야 하는 것이 시대의 과업이고 역사와 민족과 후손을 위한 지엄한 명령이자 의무인 것이다.

언행의 흠집은 결코 칭찬할 일이 아니지만 '적진'의 흠집에 대한 폭로와 비난은 더욱 칭찬할 일이 아니다. 그 자체가 사회의 공기를 오염시키기 때문이다. '문제'는 분명히 문제지만 명백한 범죄 행위가 아닌 한, 웬만한 것은 드러내 문제 삼지 않는 것이 차라리 나을 수도 있다. 윤리와 도덕에게 맡겨야 하는 것이다. 그걸로 서로 죽기 살기로 쥐어뜯기보다는 당사자가 부끄러워하도록 사회적 분위기를 만드는 것이, 그렇게 해서 백 년 후를 기약하며 질적인 고급화를 위해 한 걸음이라도 내딛는 것이, 진정으로 필요하고 중요한 일이다.

그렇다면 물어보자. 우리가 경험하는 이 '천함'과 '쌍스러움'은 도대체 왜 생겨나게 된 것인가? '훌륭함(덕)'에 대한 지향과 노력, 즉 그런 분위기와 교육이 실종되있기 때문이다. 지금 우리 사회에서 그런 것은 그저 인기가 없을 뿐만 아니라 공공연히 퇴출 절차를 밟고 있다. 돈과 권력과 인기, 그런 것만이 '사람'의 기준이 되고 있다. 공자와 소크라테스가 경계했던 것이다. 도와 정의라는 기준은 증발했다.

이젠 아무도 그것을 가르치지 않는다. 훈련도 연습도 없다. 그것을 알려주는 말도 글도 행방불명이다. 그것을 체현한 소위 '모범'도 주변에서 별로 눈에 띄지 않는다. 신문이나 TV 등을 보면 상황은 악화일로다. '전 국민의 천박화'가 착실하게 진행 중이다. 저 문제적 정치인들은 그 대표적 상징이다.

지금 우리가 이럴 때인가. 우리는 미-중-러-일이라는 소위 세계 4강에 둘러싸여 있다. 이들과의 관계는 한결같이 삐걱거리고 있다. 바로 윗동네에 북한이라는 현실적 위협이 도사리고 있다. 대만도 중국의 광둥성도 이미 우리 경제를 앞질렀다. 신냉전체제는 이미 시동을 건 모양새다. '사람' 말고는 별로 내세울 것이 없는 우리나라다. 그러니 그 사람의 '질'을 고려하지 않을 수 없는 것이다.

자, 그러면 이제 어쩔 것인가. 석고대죄와 개과천선을 기대하기는 정말 어렵다. 동해물과 백두산이 마르고 닳는 게 차라리 빠를 것이다. 비난 대신에 이해와 용서를. 우선 그것부터 실천해보면 어떨까. 공자와 예수의 철학이었다. 그 연장선에서 '인간'으로서의 '가치'를 '공부'하지 않으면 안 된다. '철학'이라는 게 바로 그런 것을 가르쳐준다. 그 정점에 공자—부처—소크라테스—예수의 철학이 있다. 이른바 '궁극의 철학'이다. 그 공부를 통해 우리는 '질적인 인간', '고급진 사람'으로 성장할 수 있다. 그런 사람들이 우리나라를 '질적인 고급 국가', '세계 제일의 국가'로 만드는 원천이 된다.

저들의 책 속에는 그것을 위한 '좋은 말씀'들이 넘쳐날 정도로 많다. 그런데 아무도 그런 것에 관심이 없다. 우리의 관심이 어디로 향하고 있는지를 한번 진지하게 점검해보자. 소위 '적진'의 흠집을 찾아 꼬투리를 잡기 위해 혈안이 되어 있지는 않은가. 칭찬할 일이 아니다. 그런 것은 천하다. 쌍스럽다.

다산과 강진

다산 정약용을 아는가? 누구는 안다 할 것이고 누구는 모른다 할 것이다. 안다 하는 사람도 그 정도가 각각 다를 것이다. 이름은 제법 알려져 있다. 《목민심서》, 《흠흠신서》, 《경세유표》 같은 저서도 제법 알려져 있다. 그러나 그 내용은? 그러면 아마도 슬그머니 고개를 돌리는 사람이 대부분일 것이다. 이름조차도 실은 퇴계나 율곡에 비하면 조금 아니 많이 덜 유명하다. 저들과의 200여 년 시차 때문만도 아닐 것이다. 저들이 등장하는 한국은행권 지폐에도 다산의 얼굴은 없다.

그를 조금만 들여다보면 그 인품과 학식이 퇴계−율곡에 비해 결코 뒤지지 않음이 곧바로 드러난다. 아니 냉정히 평가하자면 퇴계−율곡을 능가한다고 말하고 싶은 사람도 적지 않을 것이다. 관점이나 기준의 차이를 인정하더라도 다산의 수준은 절대 만만하지 않다. 퇴계-율곡이 벗어나지 못했던 송대 신유학 즉 주자학의 한계를 생각하면 그것 대신 선진 본유학 즉 공맹학을 강조한 다산의 안목은 탁월했다. 유학을 표방하면서도 정작 공맹이 소외된 주자의 학문은 조선에 작지 않은 폐해를 끼쳤다. 다산은 그것을 꿰뚫어본 제대로 된 철학자였다. 자신의 철학적 문제의식도 분명했다. 이를테면, 이런 말.

"무릇 천하의 사물은 모두 지킬 것이 없다, 오직 나만은 마땅히 지켜야 한다. 내 밭을 등에 지고 달아날 자가 있는가? 밭은 지킬 것이 없다. 내 집을 머리에 이고 도망갈 자가 있는가? 집은 지킬 필요가 없다. 내 동산의 꽃나무와 과일나무를 능히 뽑아 가겠는가? 그 뿌리가 땅에 깊이 박혀 있다. 내 서적을 가져다 없앨 수 있겠는가? 성현의 경전이 세상에 물과 불처럼 널려 있으니 누가 능히 이를 없애랴. 내 옷과 양식을 훔쳐가서 나를 군색하게 할 수 있겠는가? 이제 천하의 실이 모두 내 옷이요, 천하의 곡식이 모두 내 밥이다. 저가 비록 한둘쯤 훔쳐간대도 천하를 통틀어 다 가져갈 수야 있겠는가? 결국 천하의 사물은 모두 지킬 것이 없다. 오직 이른바 '나'라는 것은 그 성질이 달아나기를 잘하고, 들고 나는 것이 일정치가 않다. 비록 가까이에 꼭 붙어 있어서 마치 서로 등지지 못할 것 같지만, 잠깐만 살피지 않으면 가지 못하는 곳이 없다. 이익으로 꼬이면 가버리고,

위협과 재앙으로 으르면 가버린다. 구슬프고 고운 소리를 들으면 떠나가고, 푸른 눈썹 흰 이의 요염한 여인을 보면 떠나간다. 한번 가기만 하면 돌아올 줄 모르고, 붙들어도 끌고 올 수가 없다. 그래서 천하에 잃기 쉬운 것에 '나'만 한 것이 없다. 마땅히 꽁꽁 묶고 잡아매고 문 잠그고 자물쇠로 채워서 굳게 지켜야 하지 않겠는가(大凡天下之物 皆不足守 而唯吾之宜守也. 有能 負吾田而逃者乎. 田不足守也. 有能戴吾宅而走者乎. 宅不足守 也. 有能拔吾之園林花果諸木乎. 其根著地深矣. 有能攘吾之書 籍而滅之乎. 聖經賢傳之布于世 如水火然 孰能滅之. 有能竊吾 之衣與吾之糧而使吾窘乎. 今夫天下之絲皆吾衣也 天下之粟皆 吾食也. 彼雖竊其一二 能兼天下而竭之乎. 則凡天下之物 皆不 足守也. 獨所謂吾者 其性善走. 出入無常. 雖密切親附 若不能相 背 而須臾不察 無所不適 利祿誘之則往 威禍怵之則往 廳流商刻 羽靡曼之聲則往 見靑蛾皓齒妖豔之色則往. 往則不知反 執之不 能挽 故天下之易失者 莫如吾也. 顧不當縶之維之局之鐍之 而固 守之邪)."

이 문장만 보더라도 그 철학적 수준이 충분히 짐작된다. 이런 건 제대로 뭔가를 아는 철학자만이 할 수 있는 말이다. 공맹노장 같은 일류의 반열이다.

그런 다산이 무려 18년 세월, 긴 유배 생활을 한 것도 제법 알려져 있다. 경상도 장기(현 포항)와 전라도 강진에서 인생의 상당한 시간을 보냈다. 특히 소위 '땅끝' 근처 강진에서 12년을 살았다. 그에겐 아마도 사무친 일이었을 것이다. 그래서 죽기 전 자식들에게 남긴 저 유언이 우리를 슬프게 하고 아프게 한다.

"한양을 벗어나는 순간 기회는 사라지니 무슨 일이 있어도 한양에서 버텨라."

그러나 "세상에 완전한 복은 없다(少完福)"[5]고 한 그의 말을 뒤집어보면, 세상에 완전한 '화(禍)' 즉 나쁘기만 한 일도 없다. 그는 바로 그 유배 생활 덕분에 500여 권이라는 엄청난 규모의 저술을 할 수가 있었다. 다산초당에서 초의선사와

---

5) 〈독소(獨笑)〉 1804년 강경에서.
有粟無人食(유속무인식) 양식 많은 집은 자식이 귀하고
多男必患飢(다남필환기) 아들 많은 집엔 굶주림이 있으며,
達官必準愚(달관필준우) 높은 벼슬아치는 꼭 멍청하고
才者無所施(재자무소시) 재주 있는 인재는 재주 펼 길 없다.
家室少完福(가실소완복) 완전한 복을 갖춘 집 드물고
至道常陵遲(지도상릉지) 지극한 도는 늘 쇠퇴하기 마련이며,
翁嗇子每蕩(옹색자매탕) 아비가 절약하면 아들이 방탕하고
婦慧郞必癡(부혜랑필치) 아내가 지혜로우면 남편이 바보다.
月滿頻値雲(월만빈치운) 보름달 뜨면 구름이 자주 끼고
花開風誤之(화개풍오지) 꽃이 활짝 피면 바람이 불어댄다.
物物盡如此(물물진여차) 세상일이란 모두 이와 같다.
獨笑無人知(독소무인지) 홀로 웃으니 아는 사람 없다.

다향 그윽한 교제를 할 수도 있었다. 그가 한양에서 계속 정조의 총애를 받으며 승승장구했더라면, 그래도 저 저술들을 할 수가 있었을까? 그에게는 좀 매정한 소리일지 모르겠으나, 후대의 우리에게는 정승 정약용보다 저 《여유당전서》의 저자 정약용이 훨씬 더 위대하고 고마울 수도 있다.

그런 정약용이 지금도 없으란 법은 없다. 주변을 둘러보자. 뛰어난 자질이 있음에도 불구하고 고약한 세력들에게 밀려 한양에서 쫓겨나 창원이나 진주에서 혹은 순천이나 목포에서 글이나 쓰고 차나 마시며 와신상담의 세월을 보내는 다산 같은 인재가 있을지도 모른다. 그리고 그는 바로 당신이 초의선사이기를 기대할지도 모른다. 잘 대접해주기로 하자. 다산을 알아보고 좋아해준 200년 전의 저 초의선사처럼. 위로와 알아줌은 언제나 어디서나 윤리적 덕목에 속한다.

지식의 기원

지식인이라는 말이 요즘도 유효한지 모르겠다. 우리 세대가 대학생이었던 저 1970년대에는 지식인이라는 것이 사회의 한 특별한 계층이었고 대학교수는 그 대표적인 상징이었다. '그들'은 소위 보통사람이 잘 알지 못하는 것들을 잘 알고 있는 특별한 지식의 소유자로서 자긍심이 있었고 존경의 대상이 되기도 했다. 그들이 사회의 발전에 기여한 바도 실제로 작지 않다.

그런데 지금은? 지식인의 현재는 어떠한가? 대학교수는 여전히 존재하고 오히려 대폭 늘어났지만, 특별한 지식인으로서의 위상은 거의 사라졌다. 자긍은 자조로 바뀌었고 존경은 경원으로 바뀌었다. 왜 이렇게 되었을까? 이 물음에 제대로 답하려면 적어도 논문 한 편은 필요할 것이다. 그러나 우선 한 가지는 분명해 보인다. 이른바 '지식'이라는 것의 기원이 보편화-일반화되었다는 것이다. 소위 지식인이나 소위 일반인이나 그 앎의 내용과 습득 방식에 별 차이가 없다. 대학교수를 포함한 대부분의 국민이 거의 똑같은 조건에서, 통용되는 거의 대부분의 지식을 습득한다. 신문, 방송, 인터넷이다. 특히 유튜브, SNS, 그리고 입소문 등등이다. 거기서 가벼움과 얕음과 거칢은 불가피하다. 다는 아니지만 상당수가 표피적인 인기 영합성 언어로 그 내용을 구성한다. 지식인이나 일반인이나 이 조건이 거의 완전히 동일한 것이다.

이른바 고전의 지식이 현재의 지식과 결정적으로 다른 것은 그 앎의 출발점이 '문제 그 자체'였고 그 문제에 대한 깊은 인간적 고민이 숙성의 과정을 거쳐 그 발언자에게 체화되었다는 것이다. 그런 지식의 언어들은 마치 긴 세월 체액으로 빚어낸 진주알처럼 영롱했다. 그런 의미에서 대표적인 고전적 지식인이 저 공자-부처-소크라테스-예수(가나다순) 같은 인물들이었다. 그 언저리에서 소위 문-사-철이라는 인문학이 지식의 왕좌를 보필했다.

이제 이 시대는 그런 지식들을 미련 없이 과감하게 폐기 처분하고 있다. 인류는 저 하이데거가 알려줬던 '세인(das Man)'으로서 그 3대 특징인 수다-호기심-모호성(재잘재잘-기웃기웃-대충대충)을 여지없이 충실하게 수행하면서 그 얄팍한 언어들을 지식으로서 생산-유통-소비하고 있다. 전파가 거기에 날개를 달아주고 있다.

지식의 유력한 기원이었던 '책'이라는 것이 우리네 삶의 공간에서 멀어진 것은 이제 어제오늘 일이 아니다. 그나마 비슷한 역할을 했던 것이 신문이었는데, 이젠 그마저도 사람들이 읽지를 않는단다. 젊은 세대는 특히 그렇단다. 10년 후 20년 후가 어떨지는 불문가지다. 명약관화다. 걱정이 아닐 수 없다.

글자는 영상으로 급속도로 전환되고 있다. 예컨대 블로그도 유튜브, 틱톡 등으로 이동한다. 그 영상언어의 위력을 과소평가하는 것은 물론 안 된다. 그것이 위대한 문화 영역의 하나라는 것은 인정해야 한다. 그것이 21세기적 지식의 신기원이라는 것도 인정해야 한다. 그러나 어떤 경우라도 중요한 것은 결국 그 콘텐츠 즉 내용이다. '무엇'을 보여주느냐가 문제인 것이다.

내 가장 가까운 지인 중 하나는 요즘 교수직을 은퇴한 후 유튜브 제작에 열심이다. 외국의 좋은 작품을 번역해 그것을 원문과 함께 영상으로 만들어 유튜브에 올리고 있다. 21세기형 지식인이다. 누군가는 그것을 기원으로 삼아 자신의 '지식'을 늘려갈 것이다. 그(들)은 아마도 대학교수와 별반 다를 바 없는 지식인으로서 그 지식을 퍼트릴 것이다. 저 1970년대의 지식인, 대학교수보다 훨씬 더 좋은 조건과 환경이 지금 모든 일반인에게 갖추어져 있다. 이런 방향을 되돌리는 것은 불가능할 뿐더러 아마도 무의미할 것이다. '시대'라는 핑계가 인간의 모든 잘못을 사면할 수는 없겠지만, 또 그래서도 안 되겠지만, 그 도도한 흐름을 거스를 수도 없다. 그 흐름을 타고 이제 지식도 변모해야 할 것 같다. 이제 이 책의 글들도 앞으로는 영상으로 만들어 유튜브에 올려야 할지도 모르겠다.

문화 행위의 두 장면

2022년 7월, 여름방학이라 특별한 일도 없어 '컴' 앞에 앉아 이것저것 인터넷 서핑을 하다가 특별한 볼거리도 없어 결국은 늘 하던 절차의 하나로 유튜브를 여기저기 헤집었다. 아마도 AI의 수작일 것이다. '옛날 가요'를 잠깐 들었던 전력을 놓치지 않고 관련 영상들을 좌르르 띄워주는데 그중 최희준의 '하숙생'이 눈에 띄어 모처럼 다시 들어보았다. "인생은 나그네길 어디서 왔다가 어디로 가는가…" 다분히 철학적인 가사도 좋지만 구성진 그의 저음이 아련한 그 옛날로 나의 의식을 데려다준다.

1964년 7월, 국민학교(초등학교) 3학년 때였다. 그때는 집 앞 거리에 커다란 들마루를 펼쳐놓고 온 식구가 옹기종기 앉거나 드러누워 라디오 연속극을 들었다. KBS 라디오 연속극 〈하숙생〉의 인기는 대단했다. 최희준의 그 노래는 그 연속극의 주제가였다. 화학도인 대학생, 미스코리아 지망의 여학생, 대학에서 불이 나고, 남자가 여자를 구하고, 남자는 화상을 입고, 여자는 결국 그 남자를 버리고 새로운 삶을 시작하고…. 지금 생각하면 참 상투적인 스토리지만, 당시로서는 먼 미래의 한 토막을 보여주는 미지의 세계, 대학생이라는 어른의 세계였다. 그 후속작이었던 〈안델마트의 불고기집〉도 꽤나 인기가 높았다. 가난하지만 착한 청년이 온갖 고생 끝에 스위스의 안델마트에 한국식 불고기집을 차려 여러 시행착오를 겪지만 어머니의 솜씨를 비결 삼아 엄청난 인기를 끌고 돈을 벌고 늙으신 한국의 노모를 모셔 구경도 시켜드리고 효도를 하고…. 대충 그런 이야기였던 것 같은데, 지금까지도 성공한 그 청년과 노모의 기쁨이 어렴풋이 기억의 한 자락에 촉촉한 윤기로 남아 있다.

거의 60년 전. 그 연속극 청취는 밤 10시쯤이면 우르르 '극장'에서 쏟아져 나오던 영화 관람의 발걸음과 더불어 당시의 삶을 나름 아름답게 수놓았던 우리네의 소박한 문화 행위였다.

1964년과 2022년, 그 사이에 세상은 엄청나게 변했다. 상전벽해니 천지개벽이니 하는 말로도 그 변화를 제대로 형용하기에는 부족할지 모르겠다.

1960년대 당시는 '좋은 것'이 무척이나 드물었고, 2020년대 현재는 '좋은 것'이 너무나 흔하게 널려 있다. 인터넷의 전

파를 따라가면 세상의 거의 모든 것이 내 손안에 있고 내 눈 앞에 있다. 너무나 흔해 좋은 것이 좋은 줄도 잘 모를 지경이다. 양적으로도 질적으로도 저 1960년대와는 비교 자체가 무의미할 정도다. 이 '차이'에 대해 할 말이 태산 같지만 제대로 입을 열려면 아마 책 몇 권은 족히 필요할 것이다.

딱 한 가지만 짚어보기로 하자. 우리의 삶에서 '문화'라는 것의 위상이 완전히 달라졌다는 것이다. 당시의 최희준 씨는 그 구성진 저음도 화제였지만, 동시에 'S대 출신'이라는 것도 큰 화제였다. 노래/가수는 그런 엘리트와는 무관한 소위 '딴따라'로 비하되었다. 대중예술인들이 더러 정계에 들어간 것은 어쩌면 그런 부분을 상쇄하기 위한 인간적 노력의 일환이었을 수도 있다. 그것이 지금은 어떤가. 얼마 전 송해 씨가 별세했을 때, 그는 '선생'으로서 온 국민의 애도 대상이었다. 그것이 하나의 상징적 의미를 갖는다. 윤여정 '선생'은 더 나아가 이제 세계적인 '별'로서 추앙된다. 그 언저리에 지금 '한류'라 불리는 하나의 '세계'가 있다. 노래, 춤, 연기 … 그 '딴따라'의 세계가 지금 전 인류의 주목과 칭송을 받고 있다. 그 세계의 하늘에서 반짝이고 있는 별들은 지금 어쩌면 실제의 밤하늘에서 빛나는 별들보다 더 많을지도 모르겠다. BTS나 싸이는 물론 윤여정, 송강호, 아이유, 봉준호, 황동혁, 이정재 … 엄청나게 많다. 아니, BTS는 별이라기보다 거의 태양일까?

경이적 수준이다. 우리는 이들에게 제대로 박수를 쳐주지 않으면 안 된다. 그러기 위해서라도 우리는 저 1960년대를 잊지 말아야 한다. 어제가 없는 오늘은 없다. 어제의 저들이 오늘의 이들을 만들어냈다. 신영균, 신성일, 김지미, 문희, 윤정희, 남정임, 이미자, 패티김, 배호, 나훈아, 조용필 … 등은 말할 것도 없고, 1970년대의 저 윤복희, 양희은, 박인희, 송창식, 윤형주, 김민기 … 등도 잊지 말아야 한다. 그리고 1980년대의 이선희, 김광석 … 등도. 그 …[점점점] 속에 생략된 헤아릴 수 없이 많은 별들이 있다. 그것이 지금도 유튜브 안에 다 있다. 참으로 기막힌 세상이 아닐 수 없다. 박수를 치기엔 나의 손바닥 두 개가 너무 모자란다. 천수관음이라도 모셔 와야 할지 모르겠다.

너는 어느 쪽?

48.56 : 47.83, 지난 20대 대통령 선거의 결과다. 거의 딱 반반이다. 그렇게 갈렸다. 이 숫자는 우리 시대의 가슴 아픈 분열 양상을 잘 드러내 보여준다. 사람들은 이것을 보수와 진보, 혹은 우파와 좌파(가나다순)의 대립 내지 대결로 표현하기도 한다. 국민들 대부분은 각자 이런저런 이유로 이쪽 혹은 저쪽에 가담했다. 이 대립은 집권한 쪽이 아주 잘하거나 아니면 아주 못하거나 어느 한쪽이 아닌 한 아마도 앞으로 5년간 큰 변화 없이 사사건건 부딪치며 우리 사회를 시끌벅적하게 달굴 것이다. 생각만 해도 머리가 아프고 가슴이 아프다.

이 대립에서 소위 '저쪽'에 대한 사람들의 태도는 서로서로 살벌할 정도로 적대적이다. 반면 이쪽 즉 '우리 편'에 대한 태도는 한없이 관용적이다. 소위 '내로남불'은 진리(사실적 현상)일 뿐 아니라 지켜야 할 윤리가 된 형국이다. 그래서 사람들은 사람을 대할 때 거의 본능적으로 상대방에게 코를 킁킁거리거나 돋보기를 들이댄다. '너는 어느 쪽'이냐고. 불행도 이런 불행이 없다. 사람을 어떻게 그토록 선명하게 반으로 나눌 수 있단 말인가. 누구에게나, 어느 쪽에게나 장단이 있기 마련이다. 공과가 있기 마련이다. 그런데 왜 이쪽과 저쪽으로 사람들을 몰아넣으려 하는가. 물론 그걸, 그 '왜'를 누가 모르겠는가. 결집이 즉 패거리가 '힘'이 되고 세력이 되기 때문이다. 그게 이익으로 연결이 되기 때문이다. 마르크스의 《공산당 선언》 제일 마지막 문장[6]이 "단결하라"는 단어로 끝나는 것도 그 때문이다.

그러나 우리는 명심하지 않으면 안 된다. 그 단결이 결국 고약한 분열이라는 것을. 역사를 보면 어떤 강대국도 결국 균열로 인한 분열 앞에서는 무사하지 못했다는 것을. 우리 역사의 가장 아픈 사건인 고구려의 멸망도 결국 그 때문이었다는 것을. 작가 김훈의 저서 중에 《너는 어느 쪽이냐고 묻는 말들에 대하여》라는 것이 있다. 이 제목은 참으로 시사적이다. 이 시대에 대한 최고의 충언이라고 나는 이것을 평가한다. 그렇게 묻지 말라는 것이다. 그게 위험하다는 것이다. 그럼? 이쪽저쪽 가리지 말고 사안별로 평가하면 되는 것이다. 여야-좌우 가리지 말고 잘하는 것은 칭찬하고 못하는 것은

---

6) "Proletarier aller Länder, vereinigt Euch(만국의 무산자여 단결하라)!"

비판하고, 그게 지성인 것이다. 그게 정상인 것이다. 이런 단순한 진리가 왜 통하지를 않는가?

정작 중요한 것은 다른 데 있다. 출퇴근길 도로 위에서 누구나 경험한 적이 있을 것이다. 차선 변경을 위해 깜빡이를 넣고 있을 때, 어떤 차는 멈추어 끼워주고 어떤 차는 신경질적으로 더 들이밀며 한사코 끼워주지 않는다. 반대로 안전거리도 없는데 느닷없이 밀고 들어와 끼어드는 차들도 있다. 말하자면 기본 질서다. 지키는 자와 안 지키는 자, 내 생각만 하는 자와 남 생각도 해주는 자의 구별이 있다. 나는 이런 것을 지키기즘과 뭉개기즘, 나만주의와 너도주의라는 말로 정형화한 적이 있다. 이런 것에 대해서는 '너는 어느 쪽인가'를 물어봐야 한다. 그런 것이 소위 '질'이라는 것을 결정한다고 나는 믿어 의심치 않는다. 우리 사회에는 아직 '너'는 안중에 없이 '나'만 생각하는 저질들이 너무 많다.

원리는 아주 간단하다. '나' 내지 '우리'라는 것의 좌표 설정이다. '너' 내지 '상대'의 의식 (혹은 배려) 여부다. '나'를 낮추라는 것과 '남'을 배려하라는 것은 모든 위대한 철학의 공통분모다. "어짊이란 남을 사랑하는 것이다."(공자) "모든 존재에 나라는 것은 없다."(부처) "너 자신을 알라."(소크라테스) "네가 남에게 대접받고자 하는 대로 남을 대접하라."(예수) 이 모든 명언들의 근저에 자기에 대한 낮춤과 남에 대한 관심, 배려, 존중이 깔려 있다. 이런 가치관에 대해서는 확실한 이쪽과 저쪽이 있다. 하여 나는 철학자의 자격으로 우리의 동시대인들을 향해 물어보고 싶다. 당신은 어느 쪽이냐고. 이 물음에 대해 가슴이 철렁하며 자기를 돌아보는 사람은 아마 이쪽 편이고 가슴에 불끈하고 반감이 이는 사람은 아마도 저쪽 편일 것이다. 물론 그것은 항상 가변적이라 그때그때 경계를 넘나드는 게 얼마든지 가능하다. 문은 항상 열려 있다. 단, 그 문은 이중문이다. 이쪽에서 저쪽으로 가는 문은 넓고 저쪽에서 이쪽으로 오는 문은 좁다. "좁은 문으로 들어가라"라는 예수의 말을 여기에 인용하고 싶다. "'회개하라, 천국이 가까웠나니"라는 말도 함께.

평가에 대한 평가

사람들이 의외로 잘 모르는 중요한 철학적 주제가 하나 있다. '평가'라는 것이다. 우리는 살면서 무수히 많은 것들을 평가하고 그리고 평가받는다. 누구는 이렇고 누구는 저렇다, 이것은 어떻고 저것은 어떻다. 여간 복잡하고 까다로운 것이 아니지만 결국은 '좋다'와 '나쁘다'로 정리된다. 그 주체가 누구고 그 대상이 누구든 평가는 평가받는 사람의 삶을 좌우한다. 대학도, 정부도, 국가도 마찬가지다. 그래서 이 평가라는 것은 가벼울 수가 없다. 엄중한 행위인 것이다.

사안에 대한 평가도 그렇지만 사람에 대한 평가는 특히 그렇다. 시험도 인사도 그런 것에 해당하고 선거도 일종의 평가에 해당한다. '누구는 어떻고 누구는 어떻고' 하는 세평도 결국은 그런 부류다. 공자를 두고 "상갓집 개"라고 한 말도 그렇고 예수를 두고 "목수의 아들이 아니더냐"라고 한 말도 결국 그런 평가의 일종이다.

그런 평가가 개인적인 것이든 사회적인 것이든 평가는 결국 판단이고 그것에는 나름의 기준이 작용한다. 우리는 그 기준에 대해 철학적인 검토를 해본 적이 있을까? 별로 들어본 바가 없다. 살아본 사람은 알지만 사람들은 자기 평가가 무조건 다 옳다고 생각한다. 정말 그럴까? 아니다. 반대인 경우도 많다. 심지어 평가를 받아야 할 사람이 오히려 칼자루를 쥐고 함부로 평가를 하는 경우도 무수히 많다.

세상은 아주 아주 엉터리다. 훌륭한 사람을 나쁜 사람이라고 욕하기도 하고 고약한 사람을 좋은 사람이라고 칭찬하기도 한다. '어떤' 사람에게 물어보느냐에 따라 어떤 사람에 대한 평가가 완전히 반대로 달라지기도 한다. 이런 경우를 우리는 삶의 실제 맥락에서 너무나 많이 경험한다. 사람들은 이런 걸 잘 모른다.

작금의 한국 사회에서는 이런 평가들이 난무하고 있다. '누구는 어떻고 누구는 어떻고' 하는 평가가 기사나 SNS를 비롯해 삶의 세계를 가득 채우고 있다. 기사의 댓글도 해당한다. 엉터리 평가도 너무나 많다. 선과 악, 시비정사(맞고 틀림, 옳고 그름)가 뒤집힌 경우도 부지기수다.

정치적인 사안, 정치적인 인사들에 대한 평가는 특히 그렇다. 동일한 인물, 동일한 사안에 대해 사람들의 평가는 극과 극으로 갈려 대립한다. 심지어 사법 판단에 대해서도 마찬가지다. 내 마음에 들면, 우리 편에게 유리하면 옳고 그게 아니면 무조건 그르다. 그 서로 엇갈리는 평가 때문에 정당은 말할 것도 없고 친구 사이도 혹은 심지어 가족 간에도 불편과 불화가 생겨난다. 이른바 진영의 논리에 동조하지 않으면 적이고 반동으로 치부한다. 나라가 완전히 두 쪽이 나 있다. 국가적 불행이 아닐 수 없다.

그래서 우리는 이 평가라는 것을 평가해볼 필요가 있다. 대체 그 기준은 무엇인가? 사람들은 보통 '나의 생각', '나의 가치관'을 기준으로 그것이 '객관적 정의'라고 여기는데, 그 '객관'과 '나'라는 것의 정체가 사실 수상하기 짝이 없다. 누군가의 영향이 혹은 이익이 알게 모르게 그 '나'라는 것에 작용하여 '나'의 생각처럼 되어버린 것임을 사람들은 잘 인식하지 못한다. 그래서 한 번쯤은 그것을 냉정한 이성으로 검토하고 반성해볼 필요가 있는 것이다.

예전에는 이른바 '건전한 이성'이라고 하는 것에 대한 막연한 신뢰가 있었다. 데카르트나 칸트나 헤겔 같은 이에게 귀를 기울이기도 했다. 지금은? 그들의 희미한 그림자조차도 눈에 잘 띄지 않는다. "철학으로 돌아가자!"라고 아무리 외친들 우리의 이 거친 황야에서는 돌아오는 메아리도 없다. 도리 없다. 기대를 못해도 그냥 외칠 수밖에 없다. 객관적-보편적 시비정사 그 자체는, 그리고 이른바 '공통 감각(sensus communis)'은, 모든 논란의 저편에 외외히 있는 거니까. 아마도 저 공자나 부처나 소크라테스나 예수의 심정도 비슷했을 것이다. '사랑'처럼, '용서'처럼, 모든 위대한 것의 본질에는 '그럼에도 불구하고'라는 것이 숙명처럼 내포돼 있다.

　모든 평가는 판단이고 그것은 결국 선택이다. 그 선택의 시비정사는 결국 그 결과만이 판가름한다. 기다려보자. 누구의 평가가 결국 옳은 것이었고 그른 것이었는지. 진영의 외침이 아무리 떠들썩한들, 그것이 나라의 현실을 좌우하지는 못한다. 그 평가는 결국 우리 자신의 불끈하는 감정이 아닌, 뭇 외국인들의 고요한 눈에 아주 자연스럽게 비치게 될 것이다. 그리고 각종 지표로 수치화될 것이다. 아첨꾼의 혀가 아무리 "임금님 멋지십니다"라고 말해도 벌거숭이는 결국 벌거숭이일 뿐이다. 우리는 지금 어떤 평가, 어떤 선택을 해야 할 것인가. 앞이냐 뒤냐, 위냐 아래냐, 결국은 그것이 문제로다.

서울을 위한 미학

'도시 미학'이라는 분야가 있다. 아마도 많은 전문적 이론들이 있을 것이다. 그것들과 무관하게, 일반론적인 차원에서 이 주제를 한 번 건드려보자.

미학이란 기본적으로 가치론이다. '아름다움'이라는 것을 '좋은 것'으로 전제한다. '좋다'–'나쁘다'(아름답다–추하다)는 것은 칸트 식으로 말하자면 일종의 '객관'이고 '아프리오리'다. 선천적인 것이다. 그것을 판단하는 기준이 선천적으로 우리의 이성에 내재한다는 말이다. 누구나 미인이나 꽃은 아름답다고 탐하고 쓰레기나 배설물은 더럽다고 꺼리는 데서 그것은 일단 증명된다. 물론 구체적인 어떤 대상에 대해서는 사람에 따라 판단이 다른 경우도 있다. 그래서 이런 판단은 '취미/취향(Geschmack)'이라고 칸트는 말했다. 그래서 좋다–나쁘다는 것을 칼로 무 자르듯이 나눌 수는 없으나 그래도 대체적인 판단은 존재한다.

종류는 좀 다르지만 '일반이성'이라는 것이 그것을 판정한다. '누구나-대개' 그렇다는 것이다. 바로 그 일반이성이 우리 인간에게 '아름다움'을 추구하게 만든다. 도시 미학에도 그것이 적용된다. 무수한 사람들이 파리나 주네브 등 소문난 관광지를 찾는 것도 그것이 아름답기 때문이다. 그것이 경제로도 이어진다. 이래저래 우리가 아름다운 도시를 가꾸어야 할 이유가 거기에 있다.

우리나라의 대표도시 서울은 어떤가. 제법 선호되는 관광지이기는 하다. 그러나 현실을 냉정하게 평가하자면 선진 여러 나라의 도시들에 비해 아직 결코 자랑할 만한 수준은 되지 못한다. 자화자찬도 많지만 그것은 꼴불견일뿐더러 위험하기도 하다. 미학적으로 서울은 아직 많이 모자란다. 우리는 그것이 개선되기를 기대한다. 예전에 비해 '깨끗함'에서 일정 수준에 달한 것은 사실이지만 세계 상위권은 아직 아니다. 그 밖에도 아쉬운 점이 하나둘이 아니다. 어지러운 전선들도 그중 하나고 아직도 많이 남아 있는 난잡한 간판들도 그중 하나다. 대중식당들의 어수선한 내부도 그중 하나다. 다 개선되어야 할 것들이다.

가장 아쉬운 것은 건축물이다. '서울' 하면 떠오르는 상징적인 미학적 건축물이 없다. 파리의 에펠탑/개선문, 뉴욕의 자유의 여신상/세계무역센터 빌딩, 런던의 빅벤, 시드니의 오페라 하우스 같은 그런 수준의 건축물이다. 로마에는 이미 콜로세움 등이 있고, 베를린에는 샬로텐부르크 성이 있고, 베이징에는 천안문을 위시한 자금성이 있고, 도쿄에도 스카이트리가 있고 오사카를 비롯한 전국 각지에 독특한 '오시로(城)'가 있다. 이스탄불에는 성 소피아 사원이 있고, 인도에는 타지마할이 있다. 모스크바에는 성 바실리 성당/크렘린 궁전이 있고, 두바이에는 부르즈 할리파가 있다. 부다페스트에는 의사당 건물이 있다. 바르셀로나에는 가우디의 사그라다 파밀리아 성당이 있고, 평양만 하더라도 멋진 인민대학습당 건물이 있다. 서울에는 유감스럽게도 그런 것이 아직 없다. 세계 그 어떤 도시에도 뒤지지 않을 멋진 한강을 끼고 있건만 그 강변에 볼 만한 건축물이 하나도 없다. 빼곡한 아파트를 구경하겠다고 그 어떤 관광객이 돈과 시간을 들여 일부러 찾아오겠는가.

우리에게 돈이 없는 것도 아니고 기술이 없는 것도 아니다. 미의식 내지 미적 의지가 없는 것이다. 나는 개인적으로 한강 한복판에 놓인 노들섬을 그런 건축물을 위한 최적지로 판단한다. 한때 예전 서울시장은 거기에 오페라하우스를 계획했으나 정권이 바뀌면서 백지화되었다. 그 대신에 들어선 건축물은 초라하기가 짝이 없다. 땅이 아깝다. 거기에 만일 에펠탑이나 자유의 여신상 같은 것이 있다고 가정해보라. 전 세계인의 뇌리에 새겨질 서울의 상징이 되고도 남을 것이다.

그 주변에 관광선을 띄우면 그 관광 수입도 만만치 않을 것이다. 남산타워도 마찬가지다. 거기에 그것 대신 상파울루의 거대 예수상 같은 것이 있다고 가정해보라. 역시 서울의 상징이 되기에 충분할 것이다. 그런 것은 도시 자체의 이미지를 개선하고 브랜드 가치를 향상시킨다.

선진 제국에 비해 우리에게 결정적으로 결여되어 있는 미학적 가치는 웅장함과 화려함이다. 노들섬에 에펠탑이나 자유의 여신상보다 더 웅장하고 화려한 무언가를 세웠다고 미국이 뭐라 하겠는가, 중국이 뭐라 하겠는가.

작금의 코로나 사태가 지나가고 다시금 중국인을 비롯한 전 세계의 관광객들이 서울을 찾았을 때, '우와' 하는 환성을 자아낼 만한 그런 건축물이 세워질 수는 없는 것일까. 그나마 저 하늘공원에 거대한 '서울링'을 세우겠다고 하니 그 디자인이 어떠할지 한번 기대해볼 일이다. 노들섬에 만들겠다는 예술섬과 여의도에 짓겠다는 제2 세종문화회관도 부디 실망스럽지 않기를. 의식 있는 사람들의 분발을 촉구한다.

나의 별스런 미학주의

　나는 철학자로서 '국가'라는 주제에 대해 관심이 많다. 이는 플라톤 이래의 철학적 전통이기도 하다. 할 말이 태산 같다. 그중 지금까지 기회 있을 때마다 특별히 강조해왔던 것이 국가의 네 초석인 칼-돈-손-붓(군사력-경제력-기술력-문화력) 그리고 네 기둥인 합리성-도덕성-심미성-철저성이다. 아마 누구든 별 이의 없이 수긍해주겠지만 여기에 심미성이 등장하는 데 대해서는 고개를 갸우뚱하는 분들도 없지 않을 것이다. 이건 나의 양보할 수 없는 가치관이다. 여기엔 나의 개인적 체험도 좀 작용한다.

　살아오면서 어쩌다 보니 외국 생활을 제법 하게 되었다. 일본에 10년, 독일에 2년, 미국에 1년, 중국에 1년, 총 14년이니 결코 짧지 않은 세월이다. 이 나라들은 여러 지표에서 어쨌든 우리나라보다 상위에 랭크되는 선진국 혹은 강대국이다. 그 객관적 사실을 부인할 수는 없으니 우리는 이 나라들로부터 많은 점을 배울 필요가 있다. 벤치마킹이라고 해도 좋다. 심미성 내지 미학성도 그런 점에서 내 관심을 사로잡은 주제다. 대부분의 외국인들이 이 나라들에 대해서 '깨끗하다', '아름답다'고 평가한다. 물론 자연환경에 대해서는 선택의 여지가 없으니 그런가 보다 해야 한다. 그러나 문화적 환경은 사정이 다르다. 그건 사람이, 즉 국가와 국민이 만드는 것이다. 그래서 이런 나라들과의 비교 미학은 의미가 있다.

나를 비롯한 우리 또래 세대(1950년대 생, 1970년대 학번)는 "무궁화 삼천리 화려강산"이라는 애국가의 한 구절이 상징하는 그런 가치론 속에서 성장했다. 우리는 아름다운 나라라는 것이다. 그런 줄 알았다. 그런데 그런 국가적–민족적–문화적–미학적 자부심 내지 자존심은 위의 여러 나라들에서 주민으로 살면서 여지없이 무너져 내렸다. 특히 우리와 특수한 관계인 일본에 대해서는 무수한 세계인들이 그 미학성에 대해 우리보다 더 높은 점수를 부여한다. 나로서는 솔직히 여간 자존심 상하는 일이 아니었다. 모든 면에서 '최소한 일본보다는 나아야 한다'는 나의 별난 가치 기준은 그런 체험에서 형성된 것이었다. 물론 식민 지배의 치욕에서 배태된 '극일', 그런 것도 당연히 있다.

가장 최근에 이웃 중국에서 1년을 살았다. 내가 느낀 결정적인 차이는 사회주의–자본주의 그런 것이 아니었다. 미학적인 '다름'이었다. 그 기준이 너무 달랐다. '미적인 것'에 대한 중국인들의 지향은 예사롭지 않다. 물론 그 바탕에는 경제적 풍요가 있다. 그건 하루 이틀이 아니고 오랜 전통을 갖는다. 무엇보다 아득한 천 년 전의 수도였던 서안(옛 장안)이나 낙양 같은 데 가보면 그런 미적 지향은 한순간에 증명이 된다. 서울의 안방에서 볼 수 있는 중국 드라마나 틱톡 같은 데서는 더 간단히 확인된다. 거기엔 중국에는 있고 한국에는 없는 그런 미적 가치들이 눈에 띈다. 그중의 하나, '화려함'이라는 게 있다. 그리고 '웅장함'이라는 게 있다. 정말 대단하다. 개인적 취향의 문제인지는 모르겠으나 나는 그런 것이 못내 부러웠다. 열심히 내 기억 속을 헤집어보았으나 우리나라에는 딱히 화려하고 웅장한 게 없다. 표현은 조심스럽지만 여러 가지가 참 초라하다. 소박이니 담백이니 단아니 하는 가치들도 물론 평가받아 마땅하지만 그런 건 중국에도 없지 않다. 그 분야의 전문가가 아니라 잘은 모르지만, 우리의 이런 현상에는 어쩌면 중국의 정치적-문화적 영향권 속에서 저들의 눈치를 보아야 했던 사정도 있을 것이다. 자기의 최고 권력자를 황상이나 폐하라 부르지 못하고 '전하'라 격하했던 것도 (자칭도 '짐'이 아닌 '과인'이었던 것도) 필시 그런 사정 때문이었을 것이다. 황제의 나라가 아닌 왕의 나라였기에 '화려함'과 '웅장함'은 어쩌면 중국에 대한 불경이었을 것이다.

마땅치는 않지만 그건 일단 그렇다 치자. 전통적인 동아시아의 외교관계… 어쩌고 하는 말로 우리는 스스로를 달래며 자위할 수도 있다. 그러나 지금은 다르다. 우리가 중국보다 더 화려한 옷을 입고 더 웅장한 건축물을 세운다고 중국이 뭐라고 할 입장이 못 된다. 중국 스스로가 우리를 '선진국(发达国家)'으로 평가한다. 미국의 눈치를 볼 필요도 없다. 나는 이 시점에서 우리가 화려하고 웅장한 미학을 구축해주기를 기대한다. 이런 건 정부와 대기업이 나서야 한다. 특히 건축이 그렇다. 서울은 엄청나게 발달한 세계 유수의 대도시이지만, 에펠탑이나 자유의 여신상처럼 세계에 자랑할 번듯한 미학적 건축물이 거의 없다. 국회의사당과 예술의 전당과 롯데타워도 그 미적 아쉬움이 이따금 거론된다. 대부분이 너무나 소박하다. 경복궁 등 고궁도 숭례문 등 4대문도 한국을 상징하기에는 너무 초라하다. 한강의 그 많은 교량들도 볼만한 건 전무하다. 이웃 중국은? 북경, 상해는 말할 것도 없고 광주, 심천, 무한, 항주 등의 지방 도시들도 그 화려함과 웅장함은 이미 서울을 한참 능가한다. 나의 제언이었던 '질적인 고급 국가'를 위해, '최소한 중국보다는 더 나은'이라는 기준을 나는 하나 더 제시한다. 지금 그런 화려하고 웅장한 것들을 만들면 그게 소위 관광 자원이 되기도 할 것이며 세월이 흐르면 그게 문화유산으로 남기도 할 것이다. 프랑스나 이탈리아처럼 그런 것이 우리의 후손을 먹여 살릴 수도 있을 것이다.

　현대차그룹이 서울 강남에 105층 사옥을 지으려다 50층으로 축소할지도 모른다는 기사를 보고 문득 이런 생각이 들어 몇 마디 적어봤다.

최소한 저들보다는

　민감한 '비교문화론'을 하나 건드려보자. 여유 시간에 TV
에서 중국과 일본의 드라마를 보다가 좀 착잡한 기분에 빠져
들었다. 만만치 않은 그 '수준' 때문이다. 일단 그 배경에는
중국과 일본을 휩쓴 우리 한류의 엄청난 인기라는 시대적 사
건이 있다. 그것은 우리의 민족적 자긍심을 한껏 높여줬다.
중국과 일본에서 살아본 적이 있는 나도 예외가 아니다. 그
런데 저들의 그 드라마에서 '우리보다 더 나은' 혹은 '우리에
게는 없는' 뭔가를 발견한 것이다. 국제사회에서 무한경쟁을
펼치고 있는 작금의 현실을 고려하면 이건 한 번쯤 진지하게
검토해야 할 사안이 아닐 수 없다. 문화 현상이지만 문화가
곧 경제요 인생인 우리 시대에서는 그 '질'이라는 것이 하나
의 철학적 주제가 되기도 한다.

　중국의 경우는 특히 의상, 장식, 배경 등에서 보이는 웅장

함과 화려함이 있다. 소위 황궁과 귀족의 저택뿐만 아니라 상가가 늘어선 거리의 풍경에서도 그 웅장함과 화려함과 고급스러움은 우리의 것을 압도한다. 연출, 연기, 스토리 등도 보통 수준이 아니다. 내가 본 〈랑야방〉, 〈홍루몽〉, 〈사마의〉, 〈청평악〉, 〈녹비홍수〉 등 모든 것에서 확인된다.

일본의 경우는 특히 거리, 가게, 음식 등에서 보이는 그 깔끔함과 철저함 그리고 품격이 있다. 가끔씩은 그 장면에 출장 등의 설정으로 우리 한국이 함께 등장하기도 하는데, 자연스럽게 비교가 된다. 저들의 깨끗하고 깔끔한 환경은 우리를 압도한다. 시골 어디도 예외가 없다. 내가 도쿄에서 살았던 1980년대는 말할 것도 없고 최근에 본 〈고독한 미식가〉, 〈낚시바보 일지〉, 〈한자와 나오키〉 등에서도 그것은 여실히 확인된다. 거의 유럽 수준이다. 19세기 후쿠자와 유키치의 구호였던 '탈아입구(脫亞入歐: 아시아를 벗어나 유럽에 들어가자)'가 일정 부분 현실이 된 모양새다. 그럴 땐 마음이 아주 불편해진다.

우리의 한류는 분명히 대단하다. 따라서 자랑스럽다. 그러나 경쟁 상대가 있고 그들도 결코 만만치 않다는 것을 우리는 잊으면 안 된다. 중국은 어쨌거나 객관적으로 G2요 일본은 G3이다. 우리와 국경을 맞댄 이웃들이다. 그 점을 우리는 의식하지 않으면 안 된다. 우리는 요즘 대략 G10으로 평가되고 있고 우리는 그 점에 대해 충분히 자부심을 가질 만하지만, 거기서 만족하면 안 된다. 나는 이미 여러 기회에 여러 차례 말한 바 있다. 우리의 목표는 G1이어야 한다. 세계 최고다. 황당한 헛소리가 아니다. 삼성, 엘지와 BTS 등이 증명하듯 현실적으로 얼마든지 가능한 일이다. 그 비책이 바로 '질적인 승부'다. '질' 내지 '수준'에 신경 쓰는 것이다.

이것은 우리가 마음먹기에 달려 있다. 마음을 먹지 않는 게, 즉 그런 것에 신경 쓰지 않는 게 문제인 것이다. 그 결과가 '저급' 내지 '저질'이다. 그게 삶의 질을 떨어뜨린다. 우리 주변엔 아직도 그런 것이 많다. 그런 것을 철학에서는 '문제'라고 부른다. 그런 문제들을 해결해야 한다. 모든 분야, 모든 제품에서 그런 '무신경한 저질'이 눈에 띈다. 가장 결정적인 것은 '사람'이고 사람의 '정신'이다. 그게 말과 행동에서 드러난다. 그런 사례는 우리 주변에 널리고 널려 있다. 도로에서도 인터넷에서도 뉴스에서도 무수히 발견된다. '남의 시선', '남의 마음'은 안중에도 없다. 오로지 '나'와 '우리 편(패거리)'의 이익만이 모든 사고와 행동의 기준이 된다. 이런 저질-저급은 도대체 어디에서 온 것일까? 전문적인 연구가 필요하다.

그런데 우리 사회의 보편적 저질화를 야기한 그 원인의 대략은 이미 드러나 있다. 그중 하나가 교육의 붕괴, 교육의 부재다. 시비선악을 포함해 '질', '수준', '고급'에 대한 가치관이 사라졌다. 우리 시대의 유일—절대적 가치가 되어버린 '돈'이 이런 것을 담보해주지는 않는다. 전통적으로는 소위 '인문학'이, 특히 문—사—철이 '교양'이라는 이름으로 이런 가치 방향을 우리에게 제시했다. 그 숭고한 정신 활동이 작금에 이르러서는 천덕꾸러기 신세가 되어버린 것이다. 거의 빈사 상태다. 그런 가치의 회복 없이 우리가 중국과 일본을 추월하는 것은 단언하건대 원천적으로 불가능하다.

저들의 하수로 살아도 상관없다면 할 말이 없다. 그러나 제대로 된 '자존심'이라는 게 있다면, '최소한 중국보다는 나은', '최소한 일본보다는 나은'이라는 나의 기준에 동조해주었으면 좋겠다. 경제도 이것과 무관하지 않다. 원리는 간단하다. 고급스러운 것이 가격도 비싸다는 것을 상기해주기 바란다. 제대로 고급이어야 돈도 많이 벌 수 있다는 말이다. 그러려면 모든 사람이 모든 면에서 고급스러운 완벽을 추구 혹은 지향해야 한다. 나는 우리의 조국이 이윽고 유럽과 미국을 넘어 세계 최고의 '질적인 고급 국가'가 되기를 희망한다. 나 자신이 우선 '고급 인간'이 되는 게 그 첩경이다. 고급 인간이 되자. 누구든, 좌든 우든 상관없으니 대통령 후보가 이런 것을 정책 지표로 삼아줬으면 좋겠다. 국가와 국가의 미래라는 것에 관심을 좀 가져줬으면 좋겠다.

TV 단상

　장기화되는 코로나 사태로 집 안에 갇혀 지내며 TV를 보는 일이 많아졌다. 주변에 보면 '바보가 된다'며 TV를 혐오하는 사람들도 없지 않은데, 나는 생각이 좀 다르다. TV 예찬론자다. 돈 드는 고급 스포츠 같은 걸 별로 즐기지 않는 성향이라 무료한 시간 때우기로는 TV만한 것이 없다. 기술적으로도 우리나라가 전 세계 TV 시장을 거의 장악하고 있다니 더 이상 바랄 게 없다. 크기도 화질도 최고 수준이고, 위성이나 케이블을 통하면 채널도 500개가 넘는다.

　그런데 요즘 이 TV에 좀 문제가 있다. 간단히 말해 '별로 볼 게 없다'. 문화평론가는 아니지만 시청자의 한 사람으로서 느끼는 솔직한 심정이다. 채널이 전문화되면서 전통적인 공중파의 위상과 의미는 급전직하했다. 나도 요즘은 그것을 보는 일이 거의 없다. 뉴스는 뉴스 전문 채널을 보고 드라마는 드라마 전문 채널을 보고 영화는 영화 전문 채널을 본다. 스포츠는 애당초 별로 선호하지 않아 채널 자체가 의미가 없다. 남은 것은 교양인데, 어느 방송사든 특별히 구미를 당기는 프로가 별로 눈에 띄지를 않는다. 다른 시청자도 나와 크게 다르지 않을 테니 K사든 M사든 S사든 대오각성할 필요가 있다. 단순히 시청료 인상이나 중간 광고 허용으로 해결될 문제가 아니다. 관건은 결국 콘텐츠의 질이다.

나의 경우는 홈쇼핑도 하지 않으니 이리 빼고 저리 빼고 하다 보면 채널이 몇 개 남지도 않는다. 500이라는 단위가 완전히 무색해진다. 다행히 나에게는 남은 선택지가 조금 있다. 선호하는 드라마와 영화 그리고 여행 채널 외에도 중국 관련, 일본 관련 채널들이 있다. 북경과 동경에 1년 이상 살다 온 적이 있어 자연스럽게 생긴 관심이다. 보다 보면 역시 자연스럽게 느껴지는 것들이 있다. 그런 건 좀 이야깃거리가 될 법도 싶다.

거친 요약은 물론 한계가 있겠지만 일단 느껴지는 건 '일본의 정체'와 '중국의 도약'이다. 일본의 프로들은 내가 살았던 1980년대와 비교해 크게 달라진 것이 없다. 오히려 약간 퇴보가 느껴지기도 한다. 내용도 옛날의 되새김질 같은 게 많다. 물론 나는 옛날 거기 살았을 때 생각을 하며 재미있고 즐겁게 보기는 한다. 드라마만 하더라도 일본은 이미 우리 한국에게 추월당한 지가 오래다. 그 수준 차이가 확연하다. 춤과 노래는 말할 것도 없다. 최고의 장수 프로이자 인기 프로인 NHK의 연말 대미 〈홍백가합전〉도 이미 그 한계점에 다다랐다는 기사를 읽은 적이 있다. 한때는 한국의 정상급 가수들이 앞다투어 출연하고 싶어 했던 프로다.

그런 한편 중국 프로들은 (물론 영화와 드라마에 한정된 이야기일지 모르겠지만) 비약적인 발전을 보여준다. 그 수준이 만만치가 않다. 최근 들어 다소 침체 기미를 보이고 있는 한국 것들보다 더 우수하다는 느낌의 작품들도 적지 않다. 이미 세계적 평가를 받은 〈붉은 수수밭〉, 〈5일의 마중〉, 〈집으로 가는 길〉 등 궁리와 장쯔이가 나오는 장이머우 감독의 영화들은 물론, 〈랑야방〉, 〈이가인지명〉, 〈홍루몽〉, 〈청평악〉, 〈녹비홍수〉, 〈옥루춘〉, 〈사마의〉 등의 드라마는 국내에도 상당한 팬층을 확보한 양상이다. 나도 그 팬의 한 사람이다. 특히 그 의상, 소품, 배경 등은 우리의 것을 압도한다. 아마도 비약적 경제성장을 이룬 중국의 남다른 예산 규모가 그 배경에 있을 것이다.

이런 변화를 우리는 눈여겨볼 필요가 있다. 전통적인 문화대국 혹은 문화강국인 중국과 일본 사이에 놓인 우리 한국은 이 양국의 문화를 참고하고 즐길 수가 있다. 이것들이 우리 문화의 질을 견인하는 측면도 있다. 이젠 우리도 그 3분의 1의 지분을 가진 당당한 문화대국, 문화강국의 하나가 되었다. 〈대장금〉도 〈겨울연가〉, 〈가을동화〉도 〈사랑의 불시착〉

도 〈오징어게임〉도 그리고 〈기생충〉도 〈미나리〉도 전 세계가 인정하는 수작이다. 전 세계가 박수를 쳤다. 한국인으로서 뿌듯한 긍지를 느끼게 된다. 그러나 이제 '그다음'이다. 경제가 그랬듯 문화도 역시 움직이는 유기체다. 올라갈 수도 있고 내려갈 수도 있음을 우리는 잊지 말아야 한다. 시간을 '되감기'해보면, 〈대장금〉, 〈겨울연가〉를 비롯한 사계절 시리즈, 〈파리의 연인〉에서 시작하여 〈상속자들〉, 〈신사의 품격〉, 〈도깨비〉, 〈미스터 션샤인〉, 〈태양의 후예〉, 〈더 글로리〉로 이어진 김은숙의 히트작들, 〈별에서 온 그대〉, 〈사랑하는 은동아〉, 〈더 패키지〉 등 작품성 있는 수작들이 줄을 이었다. 그런데 〈나의 아저씨〉(2018), 〈호텔 델루나〉(2019), 〈사랑의 불시착〉(2020) 이후 전통 채널에선 이렇다 할 화제작−수작이 별로 없다. 넷플릭스의 등장과 함께 미묘한 변화가 감지된다. 이런 변화에 어떤 시대적 구조 변동이 있는 것은 아닌지, 그게 혹 쇠락을 향한 것은 아닌지 나는 살짝 우려의 눈빛으로 주시하고 있다. 저 할리우드 영화처럼 한국 드라마가 상업적 천박화의 길로 치닫지 않기를 바라면서.

사라진 것들

70을 코앞에 바라보면서 이런저런 상념이 많아진다. 거울 앞에 서면 어느 샌가 머리를 뒤덮은 백발을 보며 사라진 젊은 날의 저 윤기 자르르하던 흑발을 그리워하기도 하고, 어린 시절 한없이 드넓어 보이던 학교 마당과 저 낙동강변의 새하얀 백사장을 그리워하기도 한다. 돌멩이 하나로도 하루 종일 즐거웠던 저 어린 날의 동심과 저물도록 같이 어울려 뛰놀던 '동무'들의 얼굴도 그립다. 모든 의문에 답해줄 것 같았던 몇몇 선생님들의 얼굴도 떠오른다. 그리고 한없이 따뜻하고 든든했던 아버지와 어머니. 지금은 다 사라지고 없다. 인생은 '상실의 연속'이라는 진리를 자연스럽게 깨닫는다.

시대인들 나라인들 다를 바 있을까. 내 기억 속에 있는 1950년대에서 지금 2020년대까지 세상은 엄청난 속도로 변해왔고 엄청난 발전을 이룩했다. 지금 우리들의 삶의 양상은 어쩌면 1960년대의 어린 우리들이 상상하던 '미래' 그 이상이다. 비록 '비행접시'는 아직 없지만 휴대폰과 인터넷 같은 것만 봐도 그 발전은 의심할 여지가 없다. 그러나 모든 것에는 양면이 있고 빛에는 반드시 그늘이 있는 법. 우리는 그 발전의 과정에서 새롭게 얻은 것만큼 많은 것들을 그 세월의 강물에 버리고 왔다. 그것을 보통 잘 의식하지 못한다. 옹기도 장롱도, 유기전도 대장간도 거의 다 사라졌다. 이웃 간의 정도 사촌 간의 우애도 (아니 형제간의 우애조차도) 거의 다 사라졌다. 선진 세계에 대한 이른바 '동경'도 사라졌다. 역시 '상실의 연속'이다.

나는 직업상 '철학의 상실'이라는 것을 강하게 느낀다. 아니 문학과 역사를 포함하는 인문학의 상실이다. 우리 세대가 대학생이었던 1970년대까지만 해도 그것은 아직 살아 있었고 밤하늘의 별처럼 젊은이들의 가슴속에서 반짝이고 있었다. 지금 우리는 그 상실을 아프게 겪고 있다. 이른바 '문송합니다'라는 것이 그런 시대의 아픔을 상징한다. 과학-기술-산업이, 그리고 경제가 중요하다는 것은 이제 굳이 강조를 하지 않더라도 온 천하가 다 안다. 그러나 문-사-철에 대한 멸시와 박대는 이야기가 다르다. 이것이 저것을 저해하는 것도 아니다. 이것도 저것도 다 필요하다. 그런데 그 균형이 무너진 것이다.

나는 그 후과가 두렵다. 이 '균형의 상실'은 후자를 내다 버린 이 시대에 대해 이윽고 엄중한 책임을 물을 것이다. 철학자로서 단언한다. 그 벌의 하나는 아마도 '세상의 천박화', '인간의 천박화'일 것이다. 그것은 삶의 하늘에서 가치의 별들이 사라진 세상을, 그 대신 혼탁한 욕망의 미세먼지가 가득한 세상을 열 것이다. 아니 이미 그렇다. 우리는 이미 그 형기를 시작했다.

요즘 나는 공자-노자-부처-예수에 이어 소크라테스를 소환하고 있다. 그는 이른바 '가치론'의 원조 격이다. 진-선-미, 정의, 덕, 용기, 사랑, 지혜, 준법 등등의 가치가 그를 통해 인류의 (구체적으로는 유럽인의[7]) 삶의 무대에 올려졌다. 모두 다 우리가 세월의 강물 속에 내다 버린 것들이다. 요즘은 누구도 이런 것을 주목하지 않고 입에 담지 않는다. 아니, 입에는 담는다. 그러나 누구도 소크라테스처럼 그 진정한 본질을 묻지는 않는다. 오직 그 표피적인 허상만이 '지식'이란 이름으로 사람들의 욕망을 자극한다. 좀 과장하자면 요즘 이런 말을 내세우는 자들 중엔 의외로 가짜가 많다. 속지 않도록 조심해야 한다. 그 말들이 그들의 어떤 욕망과 연결되어 있는지를 예의주시해야 한다.

'상실의 시대', 오늘은 또 무엇을 잃게 될까? 오늘 우리가

---

7) 유럽은 이제 지구의 반대편이 아니다. 근대화의 과정을 거쳐 이제 전 세계가 유럽화되어 있다고 해도 과언이 아니다. 유럽의 연장격인 아메리카는 말할 것도 없고 한-중-일과 인도까지도 그 내실을 들여다보면 거의 유럽이다.

내다 버린 것 중에 혹시 금목걸이가 잘못 들어가 있지는 않은지 다시 한 번 그 쓰레기봉투를 살펴보기로 하자. 아직도 우리에게는 남은 보물이 적지 않게 있다. 보물 같은 '사람들' 이 그중에서도 가장 소중한 보물이다. 그들은 잘 드러나지 않는다. 그게 누굴까? 어디 있을까? 시대는 지금 숨바꼭질을 하고 있다.

역사의 발전

  '역사는 발전하는가?' 이 주제는 우리에게 낯설지 않다. 수많은 사람들에 의해 제기돼왔고 논의될 만큼 논의되었다. 그만큼 관심을 끄는 주제라는 뜻이겠다. 이게 왜 관심을 끌겠는가. '역사의 발전'이라는 걸 내세우고 싶거나 혹은 그게 미심쩍기 때문일 것이다.

  역사가 발전한다는 것은 관념론적 입장이든 유물론적 입장이든, 이른바 '변증법'이라는 것을 통해 널리 유포되었다. 인간 세상의 현실이 '정–반–합'의 과정을 거치면서 꾸준히 발전해 이상적인 상태를 향해 간다는 것이다.

  헤겔은 '자유의 실현'을, 마르크스는 '공산사회의 실현'을 그 최종 단계로 제시했다. 이런 생각은 그것을 지지하는 사람들에게서는 거의 신앙처럼 굳건해 보인다. 중세 아우구스티누스의 역사관도 일종의 발전론이다. 원죄에서 시작하는 그 역사는 선악의 각축 과정을 거쳐 신국의 영원한 복락으로 마무리되는 방향을 갖고 있다.

반면 퇴행적인 역사관도 있다. 중국의 유교가 대표적이다. 공자를 비롯한 그들에게는 아름답고 찬란했던 이상적 '과거'가 절대적 모범으로 설정되어 있다. 하-은(또는 상)-주 3대다. 요-순-우-탕-문-무-주공이라는 이상적 군주에 의한 군자정치가 실현된 상태였다. 그런데 현실은 춘추전국. 그와 대비되는 혼란과 무질서 상태다. 그래서 그 문제의 해결을 위해 과거와 같은 덕치의 상태를 지향하자는 철학이다.

유교뿐만 아니다. 역사를 황금시대, 은의 시대, 청동시대, 영웅시대, 철의 시대로 나눠 설명한 그리스의 헤시오도스도 유사한 입장이었다. 그의 현실 인식은 공자 못지않게 부정적이었다.

"올바른 사람, 착한 사람, 맹세를 지키는 사람은 아무런 혜택도 누리지 못하고, 악한 일을 하는 사람과 오만한 사람만 명예를 얻는다. 정의는 폭력에서 나오고 진실은 어디에서도 찾아볼 수 없다"

21세기의 현실도 이와 크게 다를 바 없다. 좀 특수하지만 역사의 과정에서 덧칠된 존재 망각의 상태를 현상학적으로 해체하고 '원초'의 상태로 끊임없이 '되돌아가기'를 강조한 하이데거의 철학도 비슷한 부류다.

그리고 제러미 리프킨 등의 과학적 입장도 이와 유사하다. 그 바탕에는 이른바 '엔트로피의 법칙'이 자리한다. 그들의 설명에 따르면 우주 안의 모든 물질과 에너지는 불변하며, 창조될 수도 없다. 단지 그 형태만 바뀔 뿐이다. 그리고 물질과 에너지는 한 방향으로만 변한다. 유용한 상태에서 무용한 상태로, 질서 있는 상태에서 무질서한 상태로만 변한다. 이 방향을 되돌리는 건 불가능하다. 이런 엔트로피 법칙에 따르면, 지구에서든 우주에서든 질서를 창조하기 위해서는 더 큰 무질서를 만들어내야만 한다. 따라서 엔트로피 법칙은 역사가 진보의 과정이라는 가설뿐만 아니라 과학과 기술이 질서 있는 세계를 창조할 것이라는 가설을 파괴한다.

한편 끊임없는 반복으로 보는 순환적 역사관도 있다. 문제의 발생에서 문제의 해결로, 또 다른 문제의 발생에서 또 해결로, 그런 문제 발생→문제 해결의 반복적 과정이 역사의 실상이라는 것이다.

이런 역사관의 배경에는 저 '시시포스의 신화'가 깔려 있다. 그리고 저 니체의 '동일자의 영겁회귀' 사상도 깔려 있다. 무익한 노고의 영원한 반복이다. 현실 인간의 입장에서 보면 이것이 진실에 가장 가깝다. 동서고금을 막론하고 끊임없이 발생한 문제의 해결을 위해 그때그때 분투하고 목숨을 바친 무수한 영웅들 그리고 무명용사들이 (그 역사의 희생자들이)

이 진실성을 증언해줄 수 있을 것이다. 주야의 반복, 계절의 반복, 생멸의 반복 같은 우주의 기본질서도 이것을 뒷받침해준다. "반자 도지동(反者 道之動: 되돌아옴은 도의 움직임이다)"이라는 노자의 말도 이것을 가리킨다.

과연 어느 게 정답일까? 정답은 없다. 다 제각각 의미 있는 견해들이다. 현실 그 자체가 다중적이기 때문이다. 아름답고 좋았던 과거의 황금시대라는 것도 사실이다. 특히 우리 인간이 흘러간 과거를 아름답게 필터링하는 본능적 경향을 갖는다는 점을 고려하면 더욱 그렇다. 그리고 현실에 아무리 문제가 많더라도 소위 '거시적 관점'에서 보면 지금이 과거보다 어쨌든 비할 수 없이 발전한 면이 있다는 것도 부정할 수 없는 사실이다. 그리고 아무리 노력해도 끝도 없이 발생하는 '문제'들을 보면 역사적 기시감은 어느 시대든 어느 나라든 시공을 초월해 사라지지 않는다. 학살자 네로가 죽은 지 2천 년 가까이 역사는 흘렀건만 또다시 학살자 히틀러가 등장했다. 임진-정유왜란이 끝나고 조선통신사가 오가고 했건만 경술왜란은 또다시 발생했다. 제3의 왜란이 발생하지 않는다고 그 어떤 역사가가 보장할 수 있겠는가. 그런 걸 보면 순환론도 역시 사실이다.

발전도 퇴행도 순환도 다 답이다. 그러니 '이게 정답'이라는 고집을 부리지는 말자. '나의 생각'을 남에게, 모두에게, 강요하지는 말자. 그런 고집과 강요를 나는 '인문학적 독재'

라 부르며 깊이 우려한다. 학설도 결국은 선택이다. 그런 선택을 통해 인간은 자기의 정체(인간의 종류)를 드러내며 그 선택에 대해서는 응분의 책임을 져야 한다. 그런 선택과 책임은 사르트르가 알려준 대로 우리 인간의 엄중한 실존 그 자체였다.

'그들'이 있는 풍경

　살아오면서 우리는 알게 모르게 여러 매체를 통해 이런저런 특별한 사람들의 소식을 듣게 된다. 그들은 아주 자연스럽게 이른바 '시대의 풍경' 그 한 장면을 연출한다. 그것이 시대의 풍경이라는 사실은 실은 대개 그들이 그 장면에서 사라졌을 때, '이었다'는 과거형으로 되새겨지며 우리의 가슴을 아련하게 만든다. 이를테면 박정희나 3김, 이병철-정주영-구인회-최종현-신격호 …, 김수환-성철-조용기 …, 박종홍-안병욱-이어령-박경리 …, 문희-윤정희-남정임 …, 신영균-신성일-송해 … 등등 엄청나게 많다. 시도 때도 없이 우리 눈앞에 귓가에 어른거리던 그들의 이름과 모습과 목소리가 어느 샌가 가을철 매미처럼 뚝 끊어지고 시간의 흐름에 묻혀버렸다. 호불호 시비선악을 떠나 그들은 역사의 한 장면으로 기억된다. 어느 나라인들 그런 게 없으랴. 어느 시대인들 그런 게 없었으랴. 한때는 저 공자—부처—소크라테스—예수도 그런 생생한 풍경의 일부였을 것이고, 진시황이나 네로나 히틀러도 마찬가지였을 것이다. 히틀러나 모택동이나 김일성의 경우는 아직도 그 연설의 음성을 생생하게 기억하는 사람들이 없지 않을 것이다. 역시 시대의 풍경 그 한 장면이었던 것이다.

문득 '지금'을 생각해본다. 저들만큼은 아니겠지만, 지금도 우리의 눈앞과 귓가에는 여전히 이름들과 얼굴들과 음성들이 보이고 들린다. 눈살을 찌푸리게 하는 정치인들은 일단 배제하자. 칙칙한 풍경이다. 경제계에서는 저 창업주들의 뒤를 이은 샛별들이 여전히 창공에서 반짝거린다. 이재용도 정의선도 구광모도 최태원도 … 그런 찬란한 풍경을 그리고 있다. 최고의 풍경은 연예 세계다. 별들이 은하수처럼 많아 BTS와 김은숙 정도만 언급하기로 하자. 학계의 풍경은, 특히 인문학의 세계는 칠흑 같은 밤이다. 한때 그렇게 떠들썩하던 김용옥도 요즘은 좀 고요하다. 그 대신 대원로 김형석의 이름이 여전히 풍경의 일부로 반짝인다.

그중에 '법륜'이라는 이름이 있다. 이 이름이 '지금'이라는 이 시대의 풍경에서 빛나고 있다. 유튜브에서도 틱톡에서도 우리는 이분의 얼굴과 음성을 아주 자주 접하게 된다. 비슷한 또래라 말하기는 조심스럽지만, 나는 이분을 우리 시대의 '풍경'으로 손꼽는 데 주저함이 없다. 좀 과장하자면 마치 생불 같다. 그의 소위 '즉문즉설'을 여러 개 접해봤는데 경탄을 금할 수가 없다. 질문하는 사람들의 속사정을 정확히 짚어내고 맞춤형 답을 제시하는 게 정말 대단하다. 엄청난 천재적 능력의 소유자다. 이분은 제대로 불교를 하는 것 같은 느낌이다. 종단이나 사찰의 불교가 아니라 부처의 불교다. 한때 저 법정이 글로 했던 역할을 지금 이 법륜이 말로 하고 있다. 그는 아마도 질문자가 스스로 겪고 있는 '고'에서 벗어나도록 도와주고 싶을 것이다. 그게 저 부처의 자비심과 다를 바 무엇인가. '이래도 되고, 저래도 되고…' 하는 긍정과 '코리안 아메리칸도 있는데 크리스천 부디스트도 안 될 게 뭔가' 하는 조화 내지 공존 내지 무애의 정신도, 그리고 통일문제, 기아문제, 환경문제 등에 대한 관심도 그 방향이 참 선하다. 이분에게는 언어의 질, 마음의 질, 행위의 질이라는 게 있는 것이다.

특정인과 특정 종교를 굳이 편애하여 띄워주고자 하는 것이 아니다. 그분은 아마 그런 띄워줌에 전혀 관심도 없을 것이다. 오히려 민폐로 여길지도 모르겠다. 여기서 말하고 싶은 것은 그런 분이 우리의 '시대의 풍경'에 현재진행형으로 등장하고 있다는 사실이다. 우리는 동시대인으로서 그런 장면들을 즐기고 그리고 가능하다면 소중히 하고 고마워하고 가슴에 간직하는 게 좋겠다는 것이다.

이미 겪어봐서 알듯이 시대의 풍경은 이윽고 변한다. 시나

브로 변한다. 이름도 모습도 소리도 언젠가 우리의 눈앞에서 귓가에서 보이지 않고 들리지 않게 될 것이다. 그러면 우리는 아련함으로 현재의 이 장면을 그리워할 것이다. 김수환이나 법정이라는 이름을 그리워하듯이. 그런데 아직도 현재진행형으로 반짝이는 별들이 있으니 얼마나 고마운 일인가. 별빛은 언제나 그것을 쳐다보고 미소 짓는 눈빛을 기다리고 있다. 법륜도 그중의 하나임에는 틀림없다.

제2부 **저런 생각**

사람의 판단

공자의 철학에 아주 흥미로운 말이 하나 있다. "그 수단을 보고, 그 연유를 보고, 그 목적을 보라. 사람이 어찌 숨길 수 있겠는가(視其所以, 觀其所由, 察其所安. 人焉廋哉)."가 그것이다.

탄복할 수밖에 없는 날카로운 인간 통찰이다. 그 사람이 '어떻게' 그 행동을 하고, '왜' 그 행동을 하게 되었고, 어떤 결과에 만족하는가 하는 것을 살펴보면 그 사람이 어떤 사람인지 명명백백히 드러나 숨길 수가 없다는 말이다. '사람'을 판단할 때 절대적인 기준이 되는 말이다.

방향은 좀 다르지만, 사람을 알 수 있는 또 다른 기준이 하나 있다. '그 평가하는 바(問其所評)'다. 누군가를 혹은 무언가를 어떻게 평가하느냐고 물어보는 것이다. 그 대답 내지 반응을 들어보면 그 사람이 어떤 사람인지 숨길 수 없이 곧

바로 드러난다.

2020년대의 한국에서는 예컨대 '삼성을 어떻게 보느냐', '조중동을/한경오를 어떻게 보느냐', '박정희를/김대중을 어떻게 보느냐' 하는 게 특히 그렇다. 이런 물음의 연장선에는 이승만, 김일성, 백선엽, 전교조, 나꼼수, 박원순, 조국-조민, 촛불 등등의 주제가 한도 끝도 없이 나열될 수 있다.

하나하나 다 가벼운 문제가 아니다. 엄청나게 무거운 주제들이다. 사람들의 대답은 극단적으로 갈린다. 각각 극찬과 극혐이 거의 비슷하게 공존한다. 정치가, 이념이, 작금의 한국사회를 통째로 집어삼킨 결과다.

여기서 패가 갈라진다. 이게 지금 우리가 사는 이 시대의 적나라한 현실이다. 이 단어들 하나하나가 다 폭탄이다. 이걸 잘못 건드리면 가족 간에도 친구 간에도 동료 간에도 연인 간에도 금이 간다. 심지어는 대판 싸움이 나고 관계가 깨지기도 한다. 이걸 문제로서 인식할 필요가 있다.

자, 그렇다면. 이 문제를 어떻게 풀 것인가? 고민해야 한다. 자기 패거리에 갇힌 사람이 그 입장을 뜯어고치기는 사실상 불가능하다. 가둔다고 때린다고 될 일도 아니다. 혁명을 통한 대량학살? 그게 방법이 되겠는가? 혹은 좀 더 온건하게, 정권을 잡고 자기편의 세상을 만드는 것? 그런데 이것도 사실 답이 못 된다. 나머지 절반이 불행하기 때문이다. 우리가 실제로 겪어봤지만, 그 과정을 거치며 분열과 증오는 확대 재생산된다. 어느 쪽이 이기든 좋은 세상이라 할 수가 없다.

완벽한 해결책은 없다. 그러나 이 정도는 어떨까? 우선 작가 김훈의 말처럼 '너는 어느 쪽이냐고 묻는 말들에 대하여', 그런 물음 자체에 대하여, 그런 줄 세우기 자체에 대하여, 이의를 제기하는 것이다.

특히 배제를 배제하는 것이다. 그리고 자기와 다른 의견을 인정하고 존중하고 귀 기울여보는 것이다. 그게 이른바 민주주의의 한 핵심이다. 그게 안 되면서 민주주의 운운하는 것은 말장난이요 사기다. 가슴을 열고 귀를 열고 '저쪽'의 말을 들어봐야 한다. 세상에 좋기만 한 것도 없고 나쁘기만 한 것도 없기 때문이다. 그리하여 누군가에 대해, 어떤 일에 대해, 그 공과를 따로따로 보는 것이다. 그리고 그 부분들을 따로따로 선택하는 것이다. 이런 균형과 조화를 하나의 가치관으로 인정하는 것이다.

아이러니하게도 저 중국이 모범을 보여준 바 있다. 모택동에 대한 저 등소평의 '공7 과3'이라는 평가다. 7 대 3의 비율에 대해서는 입장에 따라 이견이 있겠지만, 중국 인민들은 일단 그것을 받아들였다. 그것으로 논란은 정리가 됐다. 그래서 오늘도 천안문 광장을 내려다보는 모택동 초상화의 표정은 일단 평온하다.

그것도 결국은 힘이 결정하는 것 아니냐고 반문할 수 있다. 당연하다. 현실이 그런 걸 어쩌겠는가. 다만, 논란의 양쪽보다 더 중요한 '위쪽'이 있음을 우리는 인식해야 한다. 그 위쪽을 바라보고 양쪽이 다 그것을 공유해야 한다. 이를테면, 조국, 번영, 정의, 최대 다수의 최대 행복 … 그런 것이다. 이건 양쪽이 다 표방하고 지지하는 공통의 가치다. 논란의 그 양쪽이 이 '위쪽'으로 수렴되면 평화적 공존의 가능성이 생겨난다. 최소한 '저쪽'이 '적'은 아니게 된다.

그렇다면 삼성은? 한번 물어보기 바란다. 아마 이 단어를 듣는 순간 우리 대부분은 반사적으로 극찬이나 극혐의 어느 쪽인가로 마음이 꿈틀거릴 것이다. 그러나 일단정지. 버튼을 누르자. 잠시 '가담'을 유보하고 그 위쪽인 한국을 먼저 생각해보자. 경쟁국 국민이 아닌 한 이 점에 대해 이의를 제기할 사람은 없을 것이다.

한국 경제의 기둥으로서 마땅히 가져야 할 책임, 윤리 이런 게 당연히 떠오르지만, 삼성도 일단 기업이니 이윤의 추구를 탓할 수는 없다. 재주껏 돈을 벌게 해주자. 그리고 잘 살펴보자. 그 돈이 한국의 정의와 번영과 발전과 행복에 어떻게 기여하는지를. 단, 이성의 눈으로. 그러고 나서 칭찬할 것만 칭찬하고 비판할 것만 비판하자. 역시 이성의 눈으로. 답은 오직 거기에 있다. 나/패거리의 주관적 감정만으로는 아직 답이라 할 수 없다.

만일

우리는 종종 '그때 만일 그러지 않고 이랬다면…' 하고 상상을 해본다. 그러면 지금의 현실과는 완전히 다른 어떤 결과가 그려진다.

그런 가정은 제법 교육적인 효과가 있다. 그 가정이 반성의 계기가 될 수 있기 때문이다. 《지금 알고 있는 걸 그때도 알았더라면》이라는 R시인의 시집 제목도 그런 취지다. 영화 〈백 투 더 퓨처〉에도 실은 그런 내용이 결정적 소재로 활용된다. '만일 고등학생이었던 엄마 아빠가 댄스파티에서 키스하지 않았다면', '만일 '병아리'라는 니들스의 놀림에 발끈해서 자동차 경주를 하지 않았다면', '만일 클라라의 마차가 사고를 당하지 않았다면', 그 이후의 전개가 완전히 달라졌을 거라는 걸 그 영화는 잘 보여준다. 마티는 태어나지도 못했을 것이고, 교통사고를 모면했을 것이고, 브라운 박사의 사랑은 시작될 수 없었을 것이다.

그런 '만일'들이 우리의 삶에는 헤아릴 수 없이 많다. 아니 거의 매 순간이 그렇다고 해도 과장이 아니다. 모든 인간의 모든 삶을 들여다보면 실제가 되지 못하고 그냥 가능성 속으로 사라진 그런 '만일'들이 부지기수다. 아마 다 합치면 수억 수조도 넘을 것이다. 현실이 될 수도 있었을, 그러나 선택되지 못하고 사라진 '완전히 다른 모습의 세계'가 그 어딘가에 따로 있을지도 모르겠다. 그런 세계가 우리의 문학적—철학적 상상력을 자극하기도 한다. 예컨대 그때 거기서 이 사람이 아니라 다른 사람을 만났다면, 그때 이 학교가 아니라 다른 학교를 갔다면, 그때 이 회사가 아닌 다른 회사에 들어갔다면, 내가 이 나라가 아닌 다른 나라에 태어났다면, 그 이후의 삶은 지금과는 완전히 달랐을 것이다. '만남'이라는 건 특히 그렇다.

이것은 내가 여러 차례 강조했던 저 '결여 가정'이라는 철학적 방법론의 한 확장 버전이다. '변경 가정'이라 불러도 좋다. '다른 선택'을 가정해보는 것이다. 이것을 국가 내지 역사에 적용해보는 것도 재미있다. 만일 기원전 108년의 조한(朝漢)전쟁에서 고조선이 한무제에게 승리했다면, 만일 신라가 아니라 고구려가 삼국을 통일했다면, 만일 고원(高元) 연합군이 왜를 정벌했다면, 만일 세종이 아닌 양녕이 즉위했다면, 만일 선조가 김성일의 말 대신 황윤길의 말에 귀를 기울였다면, 만일 원균이 아니라 이순신이 그 자리에 있었다면, 만일 다산이 영상의 자리에 올랐다면, 만일 대한제국이 군비를 강화하고 미국과 동맹을 맺었다면, 청일전쟁-러일전쟁에서 일본이 패했다면, 만일 미소(美蘇)가 38선을 긋지 않았다면, 만일 중공군이 우리 남북전쟁에 참전하지 않았다면, 만일 김재규의 10.26이 없었다면, 만일 전두환의 12.12가 없었다면, '그 이후'가 지금 우리가 알고 있는 것과는 완전히 달랐을 거라는 건 두말할 필요도 없다.

이런 변경 가정은 그 자체로 흥미로운 그리고 아무 부담 없는 지적 놀이가 될 수도 있지만, 그게 현재 내지 현실에도 적용된다는 것을 생각하면 이야기가 완전히 달라진다. 왜냐하면 현재의 선택이 완전히 다른 미래를 결정하는 바로 그 갈림길 앞에 있기 때문이다. 현재의 선택은 우리가, 특히 우리나라가 A로 갈 것이냐 B로 갈 것이냐를 결정한다. A와 B, 천양지차로 다를 수도 있는 그 결과에 대해서는 현재의 우리가 전적으로 책임을 져야 한다. 우리가 어떤 선택을 하는 순간, 다른 모든 가능성들은 현실이 되지 못하고 저 '만일의 세계'로 사라지는 것이다.

하여 나는 '현재'를 함께하고 있는 동시대 한국인들에게 물어본다. 당신은 어떤 미래를 선택할 것인가? 남북도 모자라 좌우로 두 쪽 난 이 걱정스러운 현실을 그대로 지속시킬 것인가? '만일' 당신이 대통령이라면 우선 모든 수단을 총동원해 이 좌우 경계부터 허물 것을 부탁한다. 그런 다음 '세계 최고의 질적인 고급 국가'라는 표지판이 있는 길로 한국이라는 자동차의 핸들을 돌리고 액셀을 밟아줄 것을 부탁한다. 덩치는 작지만 '질적으로' 승부를 걸면 저 중국과 일본, 그리고 유럽과 미국보다 더 고급인 세계 최고의 국가를 건설하는 것이 얼마든지 가능하다고 나는 이미 여러 차례 호소해왔다. 50년 후, 100년 후, 이것이 '만일 그때 2022년에' 라는 후회의 세계로 사라지지 않도록 당신이 이 시대의 지성을 들쑤셔 놓아 주기를 부탁한다. 나는 기다리고 있다. 참으로 오래된 기다림이다.

만물은 신들로 가득 차 있다

철학의 시조 탈레스가 남긴 많지 않은 말 중에 "만물은 신들로 가득 차 있다"라는 것이 있다. 일반에게 그다지 널리 알려진 말은 아니다. 그러나 철학 전공자들 사이에는 제법 알려진 명언 중의 하나다.

그런데 이 말은 보통 이른바 '범신론'적 명제로 기독교적 일신론과 대치점에 있는 것으로 받아들여지기도 한다. 그래서 극단적인 어떤 기독교도들은 이런 견해의 소지자를 '사탄'으로 단정하고 매도하기도 한다. ('신즉자연'이란 사상 때문에 유대 교회에서 파문을 당한 스피노자도 그런 경우다.) 그런데 정말 그런 걸까? 이 말은 반기독교적인 것일까? 신성모독일까? 아니다. 그렇게 단순하지 않다. 이른바 범신론/다신론은 이른바 일신론과 모순적−대립적인 것이 아니다. 신학적−철학적 해석에 따라 언뜻 반대처럼 보이는 이 두 견해는 얼마든지 조화롭게 양립할 수가 있다. 아니 같은 것이 될 수도 있다. 황당한 이야기가 아니다. 이하 탈레스를 위한 철학적 변론을 한 자락 펼쳐본다.

"만물은 신들로 가득 차 있다"라고 말한 탈레스는 아마도 기독교라는 저 유대인의 종교를 몰랐을 것이다. 예수보다 약 600년 전의 인물이었으니까.[8] 그리고 널리 알려진 대로 그의 시대는 아직 '로고스' 이전의 '뮈토스' 시대이기도 했다. 신화적인 시각으로 세계를 바라보던 시대, 호메로스와 헤시오도스의 언어로 세계를 읽던 시대였다.

그들에게 태양은 제우스였고 대지는 가이아였고 우주는 우라노스였고 바다는 포세이돈이었고 아름다움은 아프로디테였고 사랑은 에로스였고 지혜는 아테나였고 그렇게 자연의 일체가 각각 모두 다 신들이었다. 후대의 포이어바흐가 해석했듯 그 신들의 모습은 명백히 인간 자신의 모습이 투영된 것이었다. 다만 인간이 '죽을 자', '유한한 자'인 데 비해 신들은 '죽지 않는 자', '무한 능력자'라는 결정적 차이가 있었다. 그건 아마도 인간이 스스로의 한계를 인식하여 그 한계를 넘어선 존재를 상정한 결과일 것이다. 그 상정에는 어떤 기대의 의탁도 있었을 것이다.

---

8) 지리적으로 가까웠고 탈레스의 밀레토스가 번창한 무역항이었으니 '구약의 기독교'에 대해서는 알고 있었을 가능성도 배제할 수는 없다. 단, 그 증거는 발견되지 않는다.

인간의 한계를 넘어선 것, 그런 의미에서의 '신적인 것'은, 특히 유한한 인간의 입장에서 볼 때, 그야말로 만유에 걸쳐 있다. 그 일체 존재가 다 인간의 능력 바깥에 있는 것이다.

바로 이런 배경에서 탈레스의 저 말이 의미를 갖게 된다. 만물은 어느 것 하나 예외 없이 (인간 자신까지도 포함해서) 다 인간의 능력을 넘어서는 '신적인 것'이다. 우주도 태양도 달도 대지도 바다도 … 만유가 모두 다 인간의 능력 '저편에' 있는 것이다. 그런 모습을 다소 문학적으로 표현한 것이 바로 저 탈레스의 말인 것이다. "만물은 신들로 가득 차 있다."

그렇다면 이 말이 어떻게 저 기독교의 일신론과 연결될 수 있는가? 간단하다. 기독교적 세계관에 따르면 일체 존재는 다 유일 절대적인 그리고 전능한 신이 만드신 것, 즉 '창조'의 결과물이다. 이것은 저 구약성서의 창세기를 통해 우리에게 익숙한 서사다. 그 창조의 결과로서 존재하게 된 만유가 바로 탈레스가 말한 저 '만물'과 다른 게 아닌 것이다. 같은 것이다. 그러니 탈레스의 저 말은 실은 "만유는 신의 피조물(ens creatum)이다"라는 저 기독교적 근본 명제와 내용적으로 서로 통하는 것이다. 결과인 만유 속에 원인인 신의 의지가 담겨 있다는 말이다. 만유에 신의 숨결이 혹은 손길이 닿아 있다는 말이다. 정말 그럴까? 그렇다. 어느 것 하나 신의 것 아닌 것이 없다. 신이 애당초 전능한 존재요 창조주라고 전제한다면.

물론 신의 존재나 그 신에 의한 만유의 창조라는 것은 이성적으로 확인 불가능한 것이고, 종교적 신앙으로 받아들여야만, 그리고 그 범위 내에서만, 비로소 유효한 것일 수 있다. 그러나 그걸 꼭 기독교적 '여호와' 신으로 부르지 않더라도, 세계와 만유를 이와 같이 있게 한 그런 엄청난 능력을 우리 인간은 특정 종교-신앙과 무관하게 인정하지 않을 도리가 없다. 그런 걸 인정하지 않고서는 현실적으로 우리 눈앞에 펼쳐진 이 일체 존재를, 자연법칙을, 세계 현상을 설명할 도리가 없기 때문이다. 그만큼 이 일체 존재가 어마어마한 현상이기 때문이다.

흔해빠진 민들레 한 송이에서 이 거대한 우주 공간의 존재에 이르기까지 만유는 어느 것 하나 놀라운 신비 아닌 것이 없다. 인간의 존재는 더더욱 그렇다. '신'의 존재와 의지와 능력을 전제하지 않고서는 그 어떤 첨단과학으로도 이 자연현상이, 이 만유의 경이로운 존재가 설명되지 않는다. 수학과 과학이 동원될수록 더욱 그렇다.

이런 근본 사실을 겸허하고 솔직하게 사유한다면, 그 누구도 탈레스의 저 말에 토를 달 수가 없다. "만물은 신들로 가득 차 있다." 잘 살펴보라. 아침 햇살에 방긋 웃는 저 나팔꽃 속에도, 그 꽃을 찾아가는 저 나비의 날갯짓에도, 로미오와 줄리엣의 두근거림과 입맞춤에도, 저 밥 한 톨에도, 저 물 한 방울에도 … 저 일월성신의 움직임에도, 저 무한공간의 침묵

속에도, 신들이 즉 신의 숨결이 가득 차 있다.

그 존재를 느끼지 못하고 듣지 못하고 보지 못하다면 그건 오만하거나 머리가 나쁘거나 고집에 사로잡혀 있거나 하기 때문이다. 말의 표현보다도 그 표현에 담긴 의미를 읽지 않으면 안 된다. "신이 곧 자연(deus sive natura)"이라고 했던, 그래서 파문까지 당했던 저 스피노자의 말도 실은 같은 것이었다.

이 말은 신의 격하가 절대 아니다. 무지한 고집이 곧잘 문제를 일으킨다. 알아두자. 범신론은 절대 신에 대한 불경이 아니다. 신성모독이란 터무니없다. 오히려 그 반대다. 신의 보편적 지배를 말해주는 것이다. 그렇게 생각하는 것이 철학의 '질'이다.

물

대략 2,600년 전, 그리스의 이오니아 지방(현재의 튀르키예 서부) 밀레토스에서 '철학'이라는 것이 첫발을 내디뎠을 때, 그 출발선에는 탈레스라는 인물이 있었다. 약 200년 후 거철 아리스토텔레스는 그를 '철학의 시조'라고 평가했다. 그는 솔론 등과 함께 고대 그리스의 '7현인' 중 한 사람으로 손꼽히기도 했다. 그는 일식을 정확히 예측했고 피라미드의 높이도 측정했고 군사적인 전략도 있었다. 엄청 머리 좋은 사람이었다.

그가 남긴 많지 않은 말들 중에 "물이 만물의 근원이다"라는 것이 있다. 무려 만학의 왕인 철학의 처음인 만큼 철학사나 개론서 같은 데서도 반드시 언급된다. 그러나 이 말의 철학적 내용에 대해서는 자세히 깊이 있게 논하는 경우가 의외로 드물다. 심지어 이 말을 비롯한 당시의 여러 철학들을

'물활론' 어쩌고 하는 엉뚱한 말로 해석하기도 한다. 지—수—화—풍(공기) 같은 물질들을 살아 있는 생명체처럼 간주했다는 해석이다. 그런 교과서적 해석은 다분히 오해의 소지가 있기 때문에 조심해야 한다. 나는 그런 해석을 별로 신뢰하지 않는다.

탈레스의 이 말은 무지한 고대인이 어쩌다 내뱉은 황당한 발언이 절대 아니다. 만학의 아버지라는 아리스토텔레스도 자기 나름으로 이 말의 철학적 근거를 제시한다. "그가 이러한 견해를 갖게 된 것은, 아마도 만물의 영양이 물기 있다는 것, 또 열 자체가 물기 있는 것으로부터 생겨나며, 또 그것에 의해 유지된다는 것 등을 관찰했기 때문일 것이다. 동시에 또 만물의 종자가 물기 있다는 본성을 가지고 있다는 것 때문이기도 하다."

만유(panta) 혹은 자연(physis)의 근원(arche)이라는 것은 간단한 주제가 아니다. '그것으로부터 만물이 생겨나는 그런 것'을 근원이라고 아리스토텔레스는 규정했다. 엄청나게 중요한 것이다. 그런데 '물(hydor)'이 바로 그런 근원이라고 탈레스는 제시했다. 탈레스는 왜 하필 물을 만물의 근원으로 지목했을까? 나름의 근거가 충분히 있다. 나는 그의 이 말을 수긍하고 지지한다. 왜? '물'은 그만큼 (즉 만유의 근원이라고 할 만큼) 중요한 그 무엇이기 때문이다.

내가 거듭 강조하는 '결여 가정'을 동원해보자. '만일 물이 없다면' 어떻게 될까? 물의 중요성은 1초도 안 돼 곧바로 드러난다. 갈증으로 목이 타는 건 한참 나중이다. 샤워도 목욕도 못한다. 청소도 못한다. 화장실도 푸세식으로 돌아가야 한다. 국도 탕도 못 끓인다. 커피나 맥주를 못 마시는 것도 한참 다음이다. 수도국과 생수 회사가 망하는 것도 한참 후순위다. 존재의 근본이 흔들리기 때문이다. 아니 사라지기 때문이다. 인체의 대략 70퍼센트가 물이라니 전 인류의 육체가 순식간에 말라 무말랭이처럼 쪼그라든다. 물이 없다면 그 즉시로 인류 멸망인 것이다. 아니 어디 인류뿐이겠는가. 모든 동식물이 다 멸종이다. 어디 그뿐인가. 지구의 약 70퍼센트가 물이라고 하니 사실상 '수성'인 이 지구 자체가 더 이상 지구일 수 없게 된다. 구름도 없어 비도 내리지 않고 지상의 모든 강도 호수도 바다도 사라진다. 재난도 이런 재난이 없다.

물의 존재를 찾기 위해 전 우주를 뒤지고 있는 나사의 천문학적인 투자와 노력을 생각해보라. 화성의 지하니 타이탄이니 하며 물의 '흔적'을 찾았다고 떠벌리기도 했지만, 그 물을 내 앞에 대령해 목구멍으로 넘기기 전까지는 그건 아직도 물이 아니다. 그만큼 귀하고 귀한 존재가 물인 것이다.

그런데 보라. 바로 지금 여기. 우리의 안에 앞에 위에 그토록 대단한 물이 가득하지 않은가. 찰랑거리며 흐르는 시냇물, 강물, 그리고 바다, 비. 축복도 이런 축복이 없다. 게다가 이 모든 게 다 공짜다. 무제한 무기한 무료로 주어져 있다.

그런데 지금 우리는 그 물을 어떻게 대접하고 있는가. 불과 얼마 전, 우리 세대가 어렸을 때만 해도 우리는 빗물과 우물과 시냇물을 그대로 마셨다. 그렇게 달고 맛있을 수가 없었다. 그랬던 것이 불과 수십 년 사이에 다 썩어버렸다. 바다도 예외 없다. 내리는 빗물도 산성수란다. 비싼 돈을 내고 생수를 사먹는 것이 전혀 낯설지 않게 되었다. 정수기에도 돈을 아끼지 않는다. 그러면서 폐수를 몰래 강이나 바다에 버리기도 한다. 후쿠시마 오염수도 바다에 버려진다. 남태평양에는 제주도보다 더 큰 쓰레기 섬이 생겨나기도 했다. 가히물에 대한 도발이고 물에 대한 학대다. 물에 대한 불경이기도 하다.

물의 '질'을 고려하며, 그리고 그로 인한 인간의 질, 삶의질을 고려하며, 물과 인간의 관계를 재설정하지 않으면 안된다. 물이 인간에 대해 분노하면, 등을 돌리면, 코로나19보다 더한, 노아의 홍수보다 더한, 끔찍한 재앙이 닥칠 수도 있다. 현재 우리 주변에 펼쳐지고 있는 상황들을 보면 이 모든게 다 과욕한 '인간에 대한 경고'라는 생각을 지울 수가 없다. 예전 같으면 만국의 군왕들이 석고대죄라도 해야 할 판국이다. '물'로써 철학의 세계에 데뷔한 시조 탈레스를 대신하여나도 현재의 인류를 향해 경고장을 발급한다. 물의 가치를인식하라. 물에 대한 불경과 학대를 반성하라. 엄중 경고한다.

지방

'지방'이라는 주제는 낯설지 않다. 그것은 지금 '위기' 내지 '소멸'이라는 스산한 단어와 짝을 이루고 있다. 나처럼 지방대학에 적을 두고 있는 사람들에겐 '스산한' 정도가 아니라 '끔찍한' 느낌으로 이 단어들이 다가온다. 이 도도한 흐름을 막아주던 강둑에는 이미 금이 가 허물어지기 일보 직전이다. 가히 지방 붕괴의 시작이다. 어떻게든 막지 않으면 조만간 터져 이 위기와 소멸은 곧 현실이 된다. 그 붕괴는 이미 오래전부터 예고되었지만, 인구 감소와 기후 변화의 경우처럼 모두가 다 오불관언이었다. 모든 것이 초토화된 이후 폐허로 남은 지방을 머릿속에 그려본 적이 있는가.

우리 세대들(1950년대 생, 1970년대 학번)이 대학을 다니던 시절, 그때만 해도 지방은 아직 펄펄 뛰는 남해의 고등어처럼 살아 있었다. 각 지방에는 저마다 그곳을 지탱해주던

산업들이 있었다. 영남만 해도 울산의 자동차, 포항의 제철, 창원의 기계, 구미의 전자, 거제의 조선 등이 대표적이다. 지방의 교육도 살아 있었다. 각 지방별로 최고 수준의 고등학교(부산고, 경남고, 경북고, 광주일고, 전주고, 대전고, 제물포고 등)가 하나씩 있었고 그들은 서울의 명문 고등학교(경기고, 서울고, 경복고, 사대부고, 용산고, 경기여고, 이화여고 등)와 별반 수준 차가 없었다. 대학도 마찬가지다. 각 지방을 대표하는 명문 국립대와 사립대(강원대–한림대, 경북대–영남대, 부산대–동아대, 제주대, 전남대–조선대, 전북대–전주대, 충남대–한남대, 충북대–청주대, 인천대–인하대)가 하나씩은 다 있었고 그것들은 역시 서울의 명문 대학들(소위 스카이 등)과 큰 수준 차가 없었다. 지방 사람들은 나름의 자부심을 가지고 각자 행복한 삶을 살아왔다. 지방에는 서울 수도권에는 없는, 지방에만 있는 장점들도 많았다. 자연, 역사와 전통, 인간미 … 그런 것들. 서울 친구들은 그런 것을 부러워하기도 했다.

그러던 것이 언젠가부터 달라졌다. 소위 서울 수도권이 모든 것을 블랙홀처럼 빨아들였다. 나는 철학자이므로 구태여 그 사회학적–정치학적 분석은 하지 않겠다. 그러나 한 가지 분명한 것은 정치를 필두로 우리 사회 전체가 그 방향을 조장 혹은 묵인해왔다는 것이다. 그 핵심은 가치의 집중 그리고 과도한 욕망과 경쟁이다. 그 결과가 지금의 이 위기다. 이 문제를 문제로 인식하고 바로잡으려 노력했다는 점에서 우리는 노무현 정부의 공로를 일부 인정하지 않으면 안 된다. 단, 그 성패는 아직 예단할 수 없다. 우리는 그 노력을 계속해나가지 않으면 안 된다.

이러한 방향에서 우리는 저 독일을 주목할 필요가 있다. 독일은 지방분권이 가장 잘된 선진국의 하나로 손꼽힌다. 헌법의 40퍼센트 이상이 지방자치와 관련된 내용이라고 한다. 관련 연구는 인터넷만 조금 검색해봐도 넘칠 정도로 많다. 적극적으로 벤치마킹을 해야 한다. 독일에서 2년을 살아봤지만, 베를린대학을 가기 위해 전국의 모든 고등학생들이 인생을 걸고 학원을 다닌다는 말은 들어본 적이 없다. 소위 명문 고등학교들이 서울 강남구처럼 특정 지역에 옹기종기 모여 있다는 말도 들어본 적이 없다. 좀 과장하자면 독일은 전국의 거의 모든 대학이 다 명문 대학이다. 심지어 인구도 몇 명 안 되는 지방의 프라이부르크대학이나 튀빙겐대학 같은 것도 특정 분야에서는 세계 최고의 명문임을 자랑한다. 어떤 대가가 어느 대학에 초빙되느냐에 따라 그때그때의 명문이 정해진다. 예전에는 교수들의 대학 간 이동도 잦아 이동하는 교수를 따라 학기마다 게르만 민족 대이동이 이루어진다는 말도 있었다. 그런 다양성 및 유동성이 독일의 국력으로 이어졌다. 나는 개인적으로 그런 것이 부럽기 그지없다. 국민들(학생들)의 행복의 폭이 그만큼 넓어지기 때문이다. 스카

이대학이 거의 모든 것을 휩쓸어가는 우리의 기형적 구조와는 너무나 판이하다.

산업과 교육의 구조만 조금 뜯어고쳐도 지방의 부활은 얼마든지 가능한 일이다. 지방별로 고등학교와 대학교의 명문을 키우고 지역의 산업을 키우는 것이다. '지역 할당제'도 (역차별이라 할 만큼) 과감히 도입해야 한다. 지역의 인재가 지역에서 평생 행복한 삶을 누릴 수 있게 해주어야 한다. 이렇게만 된다면 지방의 인구 유출 방지는 물론 서울의 학생들도 지방으로 내려올 것이다. 수도권의 과밀화 해소에도 도움이 된다. 정책이 이 방향을 확실히 잡아야 한다. 관련 연구는 이미 넘쳐날 정도로 많다. (중심과 주변의 이분법을 초극하려한 데리다의 철학도 참고가 된다.) 그렇다면 관건은? 누구나 그 답을 알고 있다. 집권자와 집권당 그리고 정부의 의지다. 그리고 실행이다. 결국은 정치가 모든 책임을 져야 한다.

지방이 지금 붕괴의 위기에 놓여 있다. 지금 배부른 자들에게는 저 절박한 지방의 SOS가 들리지 않는 모양이다. 확성기의 볼륨을 좀 더 높여야겠다. 저 선거철 유세차나 DMZ보다 조금 더 크게.

'의대'라는 문제

지금 2020년대, 우리 한국의 국력이 세계 6위, 경제력이 세계 10위 운운하는 소리를 자주 듣는다. 그런데 그런 숫자들이 과연 우리의 종합적인 '수준'을 반영하고 있는 걸까? 어림없다. 아마 국민 대부분이 동의할 것이다. 너무나 많은 내부적인 문제들이 한국사회의 수준을 의심케 하기 때문이다. 첩첩이 쌓인 그 문제들 중에 '의대'라는 문제가 있다.

문제의 핵심은 국민 누구나가 이미 다 안다. '의사/의대가 부족하다'는 것과 '의대 증설은 절대 안 된다'는 것이 날카롭게 대립하고 있다는 것이다. 합리적으로 생각한다면 이게 문제가 될 수가 없다. 의사가 부족하다면 의사를 늘려야 하고 늘리면 되는 것이다. 정원을 늘리거나 의대를 증설하면 된다. 역시 누구나가 다 알지만 그것을 원하는 대학들은 이미 수십 년 전부터 줄을 서 있다. 줄선 대학들의 역량이 부족하다고도 할 수 없다. 그런데 문제는 소위 '기득권자'인 의사 집단이 기를 쓰고 반대한다는 것이다. 그 위세가 대단한 만큼 해결의 시도는 번번이 그 벽을 넘지 못하고 좌절되었다. 반대에는 물론 당연히 이유가 있을 것이다. 머리 좋은 그들인 만큼 논리도 탄탄하다. 그러나 그들이 뭐라고 하든, 중요한 수술을 위해 몇 달씩 대기를 한다든지 어렵게 예약해서 의사를 만나도 그 진료 시간이 기껏해야 5분 정도라는 현실을 감안해보면, 그 핵심에 의사 부족이라는 현실과 의사 집단의 '이기주의'가 있다는 것은 어떤 의사도 부인하기 힘들 것이다. 증원과 증설은 곧 그 지분의 축소를 의미한다. 그것은 전체 이익에 대한 분모의 증가로 이어지기 때문이다.

그런데 우리는 또한 알고 있다. 의사라는 이 직종에 대한 과점이 가뜩이나 적은 수험생들의 '의대 쏠림' 현상을 야기하고 과학기술을 포함한 기타 분야의 인재를 싹쓸이해간다. 의대 지원을 위한 이른바 '반수'도 다반사다. (심지어 학원에는 '초등 의대반'도 있다니 경악할 노릇이다.) 과학기술의 기반이 흔들린다. 국가 전체의 발전이라는 것을 생각할 때 이건 보통 심각한 문제가 아니다. 가뜩이나 저출산으로 인구 감소를 겪고 있는 난국이다. 전통적인 인문학의 황폐화는 이미 돌이킬 수 없을 지경에 이르렀고 이젠 국가 필수 산업 분야에서조차 인재난을 겪고 있다는 보도가 잇따른다. 그 심각성을 직시하지 않으면 안 된다.

고령화, 복지화에 따라 의사 선호라는 사회적 현상은 아마도 불가피할 것이다. 안정적인 일자리와 노후 보장 및 사회적 지위까지 있으니 사정만 된다면 누군들 원치 않겠는가. 게다가 거기에는 아마 '고소득'이라는 조건이 작용하고 있을 것이다. 실력 있는 의사가 고소득을 챙겨가는 것은 현대 자본주의 경쟁사회에서 너무나 당연하다. 그들이 모두 허준이나 화타-편작이 아닌 한, 그것을 지탄할 수는 없다. 단, '나만' '우리만' 잘 먹고 잘 살자는 것은 의사 선생님들도 포기하지 않으면 안 된다. (밥그릇을 나눈다는 것은 윤리도덕의 기본원리 중 하나다.) 정부의 책임도 크다. 국가 필수 산업 분야의 인재들에게는 의사 못지않은, 아니 그보다 더 나은 소득을 정부가 보장해줘야 한다. 가치의 편중은 위험하다. 그래야 우리에게 미래가 있다.

의료계 안에서도 인기 분야, 비인기 분야가 있다고 알려진다. 비인기 분야가 덜 중요한 게 아니라는 것은 의사 자신들이 더 잘 알고 있다. 고령화에 따라 방문 치료 같은 분야의 필요성도 점증할 것이다. 그런 데에도 정책적 배려가 필요할 것이다. 머리 좋은 관료들이 왜 그런 생각을 하지 않는가? 이를테면 지방대학에 의대를 증설하고 흉부외과, 소아과 등 비인기 중요 분야를 키운다면 의료 부족 문제를 해결하면서 동시에 기득권층과 조화롭게 양립할 길도 분명 있을 것이다.

모 지방 의료원에서 의사를 모집하기 위해 파격적인 (일반인의 입장에서 보면 천문학적인) 보수를 제시했음에도 지원자가 거의 없었다는 보도도 있었다. 이건 이 문제가 단순히 보수만의 문제가 아님을 알려준다. '지방'이라는 또 다른 문제가 거기 얽혀 있다. '의대 쏠림'+'서울 수도권 쏠림'이라는 현상이 그 배후에 있다. 그건 이 나라 이 사회의 또 다른 병폐다. 이 역시 그 원천적 해결이 요구된다. 건실한 지방분권국가인 독일의 경우를 참고할 필요가 있다.

20세기 최고의 철학자 중 하나로 손꼽히는 하이데거는 베를린대학의 두 차례 초빙을 사양하면서 〈왜 우리는 지방에 머무는가?〉라는 글을 남겼다. 지방에는 지방 나름의 장점도 분명히 있다. 과격하게 말하자면 인기 있는 의대는 모조리 다 지방으로 보내는 것도 한 방법이 될지 모르겠다.

영웅

'영웅'이라는 말을 들으면 우리는 가장 먼저 누구를 떠올릴까? 《플루타르코스 영웅전》에 소개되는 인물들? 카이사르나 알렉산드로스? 혹은 칭기즈칸이나 나폴레옹 같은 이름들을 떠올릴지도 모르겠다.

그런데 우리는 그 '영웅'이라는 게 무슨 뜻인지 제대로 생각해본 적이 있을까? 사전을 찾아보면 "지혜와 재능이 뛰어나고 용맹하여 보통 사람이 하기 어려운 일을 해내는 사람"이라고 되어 있다. 저들이 이런 설명에 해당하지 않는다고는 할 수 없겠다. 그러나 보통 우리는 이런 사전적 의미 이전에 그냥 대충 '아주 대단한 사람', '아주 훌륭한 사람' 정도로 생각한다. 특별히 돋보여 주목을 끄는 사람이다.

철학자 헤겔이 말한 '세계사적 개인'도 결국 '영웅'이라는 것과 크게 다르지는 않을 것이다. 일단 좋다. 보통 사람과 다른 뭔가 특별한 일을 해낸 대단한 사람인 것은 틀림없다. 그러나 대단한 사람이 곧 훌륭한 사람일까? 그건 좀 다르다. 우리가 어린 시절 별 의심 없이 영웅시했던 저들도 기실 그 삶의 내용을 보면 권력자 내지 정복자였다. 대체로 무력으로 영토를 넓힌 왕들이었다. 어쩌면 저 고구려의 광개토대왕(호태왕)도 중국의 한무제도 일본의 히데요시도 그런 부류다. 이런 카테고리에 아마 대부분의 '영웅'들이 포함될 것이다. 어쩌면 저 히틀러나 무솔리니나 일본 '텐노'나 레닌도 한때 어디선가는 그런 '영웅'이었을 것이다.

그러나 이제 우리는 안다. 그런 사람들이 더 이상 '훌륭한 사람'은 아니라는 것을. 그들이 소위 영웅이 되는 과정에서 희생된 이들의 규모와 고통을 생각하면 그들은 영웅이기커녕 오히려 그 정반대에 해당한다. 그래서 우리는 이제 이 '영웅'에 대해 재검토를 해보지 않으면 안 된다. 진짜로 대단하면서도 훌륭한 사람을 주목해보아야 하는 것이다. 어떤 특별한 의미에서 특별한 사람이, 특히 가치 있는 어떤 일을 해낸 사람이 진정한 영웅으로 평가받고 찬양되어야 하는 것이다.

할리우드식 영웅은 사실상 기대 난망이다. 슈퍼맨이든 스파이더맨이든 소위 '어벤져스'는 스크린 밖의 이 세상 어디에도 없다. 그들은 그저 그것을 만든 이들에게 돈을 벌어다 주는 영웅일 뿐이다.

그렇다면 진정한 영웅은 어디에 있는 어떤 사람들일까?

하나의 가능성은 저 '악한 무력' 내지 '문제적 현실'에 대항해 사람들을 그 구렁텅이에서 건져낸 구원자들이다. 그렇게 보면 떠오르는 이름들이 많다. 부처와 예수가 대표적이다. 차원은 다르지만 이순신도 안중근도 해당한다. 세종도 당연히 포함된다. 이런 건 일종의 평가이고 거기엔 당연히 '기준'이라는 게 작용한다. 누군가는 여기에 '이승만, 박정희, 이병철, 정주영, 구인회 …' 등의 이름을 넣고 싶을 것이고, 누군가는 여기에 '김구, 김대중, 노무현, 전태일 …' 등의 이름을 넣고 싶을 것이다. 이건 간단한 문제가 아니다. 사르트르 식으로 말하자면 결국은 실존적 선택의 문제가 된다. 물론 그 선택에는 역사적 책임이 뒤따른다. 역사의 방향이 달라지기 때문이다.

지금 우리가 사는 2020년대 초라는 이 시대에는 '푸틴'이라는 이름이 사방에서 시끄럽다. 러시아 일부에서는 그도 아마 '영웅'일 것이다. 그런데 어떤가? 그는 영웅일까? 그의 곁에는 또 다른 섬뜩한 이름도 몇 개 함께 있다. 우리는 판단해야 한다. 그리고 선택해야 한다. 당신의 가슴속에는 지금 어떤 이름이 시대의 하늘에 영웅이라는 별로 떠서 반짝이는가? 그 별을 쳐다보는 당신의 그 눈은 이 시대에 대해, 이 시대의 만백성들에게 책임질 준비가 되어 있는가? 역사의 흐름은 지금 엄청난 위세로 마치 홍수처럼 넘실대며 알 수 없는 미래를 향해 굽이치고 있다. 우리는 지금 제대로 방향키를 잡아줄 진정한 영웅을 기다리고 있다. 푸틴과 그의 붉은 친구들이 그 답이 아니라는 것은 너무나 명백하다.

그 대안으로 나는 우선 저 BTS 같은 친구들과 그들의 노래 '작은 것들을 위한 시'에 나오는 '너라는 별'을, '너무 작던 나'를 영웅으로 제시해본다.

널 알게 된 이후 ya 내 삶은 온통 너 ya

사소한 게 사소하지 않게 만들어버린 너라는 별

하나부터 열까지 모든 게 특별하지

너의 관심사 걸음걸이 말투와 사소한 작은 습관들까지

다 말하지 너무 작던 내가 영웅이 된 거라고 (Oh nah)

난 말하지 운명 따윈 처음부터 내 게 아니었다고 (Oh nah)

세계의 평화 (No way)

거대한 질서 (No way)

그저 널 지킬 거야 난 (Boy with luv)

빨간불

"빨간 신호등, 다 같이 건너면 무섭지 않다." 1980년 이웃 일본에서 개그맨 비토 타케시(영화감독 키타노 타케시)가 퍼트려 크게 유행한 말이다. 2012년 이웃 중국에서도 이 말(中式過馬路)이 크게 유행했다. 집단행동과 범법의 묘한 관계가 이 개그에 녹아들어 있다. 그래서 이 말은 그저 웃어넘기는 개그로 끝나지 않는다.

이 말을 잣대 삼아 작금의 한국사회에 만연된 뿌리 깊은 병폐를 철학적으로 진단해보자. '빨간 신호'라는 것은 '금지'라는 규칙의 상징이다. 한국뿐만 아니라 인간 세상에는 그처럼 '해서는 안 되는 일'이라는 게 있다. 거짓말에서 도둑질, 폭행 등을 거쳐 살인에 이르기까지 그 구체적 사례는 엄청나게 많다. 그 대부분이 아마 '형법'에 적시되어 있을 것이다. 그런 것은 위험한 '나쁜' 일이고 따라서 '처벌'의 대상이 된다.

표면상 모든 사람의 합리적 동의가 그것을 지탱하고 있다. 그런 사회적 장치들로 인간의 '악'들이 어느 정도 걸러지고 일단의 평온이 유지된다. 그런데도 세상의 유치장은 범법자들로 넘쳐난다. 인간이 본래 절반 사악하니 어느 정도는 어쩔 수 없다.

그런데 문제는 공공연한 집단 범법이다. 빨간 신호를 다 같이 건너는 것이다. '다 같이'가 '빨간 신호'를 무력화시킨다. 범법을 정당화한다. 그러면 안 되지만 이게 통한다는 게 문제다. 저 나치의 홀로코스트도 실은 그런 경우다. 여기서 우리가 생각해봐야 할 점이 두 가지 있다. 하나는 그 '다 같이'가 어떤 부류냐 하는 것이고, 또 하나는 그 '빨간 신호'가 무엇의 금지냐 하는 것이다. 간단한 문제가 아니다.

'다 같이'는 분명 힘이 된다. 세력을 형성하기 때문이다. 그런데 문제는 그게 '나쁜 세력'이 되는 경우다. 그런 세력은 도로를 무단 점거해 교통 불편을 야기할 수도 있고 확성기로 고함을 질러 소음공해를 발생시킬 수도 있고 끼리끼리 담합해 좋은 자리를 차지할 수도 있고 부당한 거금을 나눠 먹을 수도 있다. 우리 사회에서는 그런 '다 같이'가 각양각색의 '패거리'를 형성하고 있다. 그 대표적 뿌리 중의 하나가 마르크스의 《공산당 선언》에 나오는 "만국의 무산자여 단결하라!"였다. 그런 식의 단결은 수출도 가로막는다. 패거리의 이익이 공익에 우선한다.

그들에게는 '빨간불'의 의미 규정이 달라진다. 원래 '안 된다'이건만, 중국에서 유행 당시 나왔던 말처럼 '신호 같은 건 있으나 없으나 관계없다'가 되어버린다. 아니, 빨간불과 파란불이 반대로 해석되기도 한다. '다 같이' 빨간불이 파란불이라고 우기기도 한다. 선악도 쉽게 뒤집혀 악이 악이 아니게 된다. 끼리끼리는 집단 최면에 걸린 듯 실제로 그렇게 믿어버린다. 이게 우리의 아픈 현실이다. 다소 추상적인 말이지만 누구나 이 말이 무엇을 가리키는지 곧바로 짐작할 것이다. 병이다. 언어의 병이고 가치의 병이다. 한국사회의 발전, 특히 선진사회로 가는 길을 가로막는 철조망 바리케이드 같은 중병이다.

패거리의 선 내지 정의가 범법을 정당화해서는 안 된다. 진정한 정의를 왜곡하면 안 된다. 그것이 국가의 발전, 선진화를 저해하는 경우라면 더욱 그렇다. 패거리의 '입법'이나 '정책'이 그것을 저해하는 경우라면 더더욱 그렇다. 다수결은 그 다수가 '어떤' 다수냐에 따라 악을 편들 수도 있기 때문이다. 역시 간단한 문제는 아니다. 좌니 우니 하는 것이 기준이 되어서는 안 된다. 사적인 이익이 기준이 되어서는 더욱 안 된다. 선, 정의, 가치에 대한 제대로 된 시선이 필요하다. 그런 게 철학이다. 철학은 그 답을 알고 있다. 문제는 요즘 아무도 그것을 찾지 않는다는 것이다.

선진으로 가는 우리의 길 앞에 지금 빨간불이 켜져 있다.

사회 곳곳에서 패거리를 모으는 종은 시끄럽게 울리고 있다. 과연 누구를 위해 그리고 무엇을 위해 그 종은 울리는가?

100년 후 어떤 세상일까

"토속맥주의 거품도 부드러운 지금 가을밤 100년 지난 후에는 아무도 없을 테지."

한때 이웃 일본에서 250만 부 이상 팔리며 엄청난 인기를 누렸던 타와라 마치(俵万智)의 와카집 《샐러드 기념일(サラダ記念日)》의 후속작인 《초콜릿 혁명(チョコレート革命)》에 나오는 한 줄짜리 시다.

그렇다. 100년 후 우리 대부분은 아마 이 세상에 없을 것이다. 그러나 이 세상은 아마 그대로 있을 것이고 우리 대신 후손인 누군가가 이 세상에서 지금 우리처럼 그들의 삶을 살고 있을 것이다. 그들의 '그 세상'은 대체 어떤 세상일까? 그 같음과 다름이 궁금하다. 100년 전(1922년)과 그 100년 후인 지금(2022년)의 엄청난 차이를 생각해보면 100년 후인 2122년의 그 세상은 아마 짐작조차 불가능한 다른 세상일 것이다.

그때는 어쩌면 비행접시나 드론이 대중교통이 되어 있을까? 남북이 통일되고 고구려-발해의 고토도 수복되어 있을까? 지금의 해외여행처럼 달-화성 등 우주여행이 상품으로 팔리고 있을까? 어쩌면 생명공학이 엄청 발달해 탈 난 장기는 뭐든 부품처럼 간단히 교체 가능해질지도 모르겠다. 설마하니 우리나라가 G1이 될 수는 없겠지만 잘하면 국력이 G2나 G3 정도가 되어 있을지도 모르겠다. 나의 철학대로 '질적인 고급 국가'를 지향해나간다면 질적인 면에서는 G1도 불가능한 일은 아니다.

그러나 어쩌면 핵전쟁으로 나라가 박살 나 있을지도 모른다. 극심한 진영 대립 끝에 나라가 붕괴돼 김씨 왕조나 중국이나 일본의 지배를 받고 있을지도 모른다. 비혼과 저출산으로 인구도 반 토막이 나고 국민의 절반이 이민자로 채워질지도 모른다. 서울-수도권 집중과 대기업의 해외 이전으로 지방은 텅 비어 그 자치단체마저 대부분 사라져 있을 수도 있다. 땅-물-공기 모두 오염되어 마스크는 일상용품이 되고 소위 정화산업에 특화된 재벌이 탄생해 있을 수도 있다.

노스트라다무스 어쩌고 하는 미래 예언이 아니다. 재미로 듣는 그런 류의 '아님 말고' 식 이야기는 확인 불가능이라 어차피 큰 의미는 없다. 빗나가도 그만인 것이다. 한 가지 확실한 것은 저 철학자 칼 포퍼의 말처럼 미래는 현재의 우리가 만드는 것이라는 사실이다. 헤겔이나 마르크스의 말처럼 역사법칙주의에 따라 미래가 결정되어 있는 게 아니라는 사실이다. 완전한 자유의 실현이나 이상적 공산사회의 도래는 아무리 기다려도 오지 않는다.

자, 그렇다면 이제 어쩔 것인가. 지금 여기서 우리 자신이 미래를 위해 무언가를 하지 않으면 안 된다. 100년 후의 '멋진 신세계'를 위해 설계도를 그리는 등 착실한 준비를 하고 그 실행을 위한 첫걸음을 내딛지 않으면 안 된다. 그런 역할을 정치가 해줘야 한다. 원래 그것은 철학의 역할이었지만 이젠 아무도 철학의 언어에 귀를 기울이지 않으니 기대 난망이다. 공자나 플라톤처럼 정치에 기대를 거는 것은 자연스럽다. 그러나 지금 한국의 정치를 보면 이런 기대는 그야말로 황당한 개꿈이다. 좌파든 우파든 거의 다를 바 없다. 역사에 대해 폐나 끼치지 않으면 그나마 다행이다. 그들로 인해 받는 국민의 스트레스가 감당할 수준을 벗어난 지도 한참 전이다. 그들을 계도해야 할 언론은 도리어 한술 더 뜨고 있다. 천박한 언어가 소위 매체를 포함한 우리의 생활공간에 난무하고 나날이 확대 재생산되고 있다. 수준 있는 언어들은 거의 아무도 거들떠보지 않는다. 이른바 '지성'은 그 존재감을 거의 완전히 상실했다. 지금 우리 사회는 끝도 없는 천박화의 지하 계단을 하염없이 내려가는 형국이다.

그러나 우리는 그 지하 계단을 저 제주도의 도깨비도로처럼 만들 수도 있다. 내려가는 것처럼 보이는 길이 실은 올라가는 길이 될 수도 있는 것이다. 그렇게 뒤바꾸는 주문은 간단하다. '반성한다'는 한마디다. 잘못을 스스로 인정하는 것이다. "회개하라. 천국이 가까웠나니." 하는 저 예수의 말도 같은 취지다. 회개하는 그 순간 이미 천국인 것이다. 좌파든 우파든 시비정사를 제대로 가리며 '회개한다'는 당이 있다면 다음 선거에서는 그들에게 100년 후를 위한 희망의 한 표를 던지고 싶다.

100년 전, 100년 후

나는 '인생론'이라는 교양과목을 20년 넘게 강의하고 있는데, 거기서 '삶의 장소로서의 국가 — 한국'이라는 것을 한 꼭지 꼭 다룬다.

그런데 우리는 삶의 맥락에서 얼마나 '국가'라는 것을 생각하고 있을까? 아니, 그런 사람이 과연 우리 중에 있기나 할까? 무슨 소리. 누군가는 화를 낼 것이다. 각종 매체에서 국가를 입에 올리는 인사는 넘쳐난다. 아닌 게 아니라 그중에는 우러러볼 만큼 훌륭하신 분들도 적지 않다. 나를 포함해 많은 국민이 이런저런 인사들에게 기대를 걸고 있다.

2019년, 아직 코로나가 시작되기 전의 북경에서 1년을 살았다. 자연스럽게 바다 건너 '저쪽'의 한국을 바라보는 시선을 갖게 되었다. 중국인들의 눈에 비친 한국은 제법 만만치 않았다. 저들의 '도우인(抖音: TikTok)'에 자주 등장하는 변동형 그래프들을 보면 한국은 1970년대부터 2020년대까지 무서운 속도로 그 순위를 치고 올라간다. GDP, GNI, 군사력 등 거의 모든 지표에서 한국은 지금 세계 상위권에 도달해 있다. (물론 그것들은 다 중국이 세계 1위 혹은 2위에 도달했음을 보여주기 위한 것이다. 참고로 일본은 여러 지표에서 대략 3위에 자리한다. 너나 할 것 없이 일본을 바라보는 우리의 시선은 특별할 수밖에 없다.)

그 그래프에 아예 등장도 하지 않는 1960년대를 지나, 50년대 40년대로 차츰 거슬러 올라가본다. 1920년대, 지금으로부터 대략 100년 전, '유관순 누나'가 살던 그때 우리는 어땠는가? 누구나가 다 안다. 우리는 그때 소위 '대일본제국'의 식민지였다. 우리는 그 '왜정'의 지배를 받으며 이른바 '위안부', '징용공'을 비롯해 무수한 사람들이 노예의 삶을 살고 있었다. 현실이다. 그 비극의 그림자는 아직도 이 나라에 길고 어두운 그림자를 드리우고 있다. 불과 100년 전이다. 김형석 교수님을 비롯해 그 시대를 현실로서 살았던 분들이 아직도 일부 현역으로 활동 중이다. 제국주의 일본의 악도 우리는 기억해야 하지만, 나라를 그렇게 말아먹은 당시의 못난 조상들도 우리는 기억해야 한다. 그때 그들은 얼마나 '국가'라는 것을 생각하고 있었을까? 아니, 그런 사람이 과연 그들 중에 있기나 했던 것일까?

이 100년간 우리에게는 많은 변화가 있었다. 이 변화는 무수한 사람들의 노력과 희생 위에서 성취한 것이다. 중국뿐 아니라 세계가 한국을 제법 높게 평가한다. 이 결과를 일구어낸 선배들에게 감사해야 한다.

그런데 우리는 우리 자신에게 물어봐야 한다. 지금 우리는 정말 그렇게 괜찮은 나라일까? 사람마다 입장마다 대답은 다를 것이다. 그러나 단호히 말하고 싶다. '아직은 아니다'라고. 우리는 이제 100년 후를 생각해야 한다. '세계 최고'인 100년 후를 목표로 설정해야 한다. 무슨 황당한 소리냐고? 아니다. 이것은 지금 우리가 하기에 따라 얼마든지 현실이 될 수 있다.

물론 우리는 '덩치'가 작아 양적으로는 미국, 중국, 유럽, 러시아 등과 게임이 되지 않는다. 그러나 '질적'으로는 얼마든지 저들을 능가할 수 있다. 여러 차례 강조했던 '질적인 고급 국가'를 건설하는 것이다. 우리는 덩치가 작아 효율 면에서는 저들보다 오히려 유리할 수 있다. 삼성과 BTS를 비롯해 경제-문화 방면의 여러 인사들이 그 가능성을 증명한다. 그 분야를 넓혀가는 것이다. 싱가포르, 스위스 등 우리가 참고할 나라들도 많다. 칼-돈-손-붓(군사력-경제력-기술력-문화력)의 고급화가 관건이다.

우리는 제법 괜찮은 나라를 건설해왔다. 그러나 아직은 사회 곳곳이 엉망진창이다. 그 '저질'을 똑바로 직시하고 칼을 대야 한다. (나는 그 구체적인 세목을 졸저 《국가의 품격》에서 피력한 바 있다.) 그래야 '시작'의 첫걸음을 내디딜 수 있다. 그런 '문제의 인식'이 없으면 100년 후의 세계 최고라는 꿈은 연료도 로켓도 없이 달나라에 가려는 것처럼 불가능하다. 그 시동의 키를 쥔 것은 지금 이 글을 읽고 있는 바로 당신일 수 있다. 부디 누군가 깃발을 들어주기 바란다. 그게 정치인이라면 더욱 좋다.

위험하다

하이데거의 철학에 '위험(Gefahr)'이라는 개념이 있다. 주로 근본적 존재사유와 근대적 기술문명의 대비에서 이것을 다루지만 그의 언어 구사는 좀 괴상해서 그 이해가 간단치는 않다. 그러나 이것이 일종의 시대 비판이라는 점에서 이 개념을 다시 호출해본다. 그의 문맥과는 상관없이 지금 우리 시대가 위험하기 때문이다. 특히 우리 한국이 그렇다.

한국이 위험하다고? 이렇게 잘나가고 있는데? 'US뉴스& 월드리포트'가 발표한 2022년도 세계 국력 순위에서 프랑스와 일본을 제치고 세계 6위가 되었다는데? BTS, 〈기생충〉, 〈미나리〉, 〈오징어게임〉 등 한류 열풍이 세계를 휩쓰는데? 삼성의 시장 점유율이 세계 1위라는데? 군사력 세계 6위, 경제력 세계 10위라는데? … 여러 지표가 그렇게 가리킨다니 대단한 건 틀림없다. 해방과 휴전 직후 세계 최하위권이었던

걸 생각하면 경이요 기적이라는 것도 빈말은 아니다. 그러나….

우리도 이미 알고 있다. 문제가 하나둘이 아니다. 우리를 둘러싼 소위 세계 4강 미-중-러-일과의 관계는 원만한 게 하나도 없다. 유럽에서는 존재감조차 미미하다. 북한은 연일 핵과 미사일로 우리를 위협한다. 코로나와 미세먼지도 여전히 현실이다. 저출산, 고령화도 나라의 근간을 흔든다. 수도권 초집중으로 지방은 괴멸 직전이다. 진영 대립은 물론 동서, 남북, 상하, 좌우, 전후, 원근, 남녀, 노소까지 다 쪼개져 죽기 살기로 서로 쥐어뜯고 있다. 그 실상을 들여다보면 "다 끝났구나(已矣乎)!" 하는 저 2,500년 전 공자의 한탄을 되뇌게 된다. 이런 '문제' 리스트를 만들자면 책 한 권으로도 모자랄 것이다. 위험이 아니라고 할 수 있겠는가.

이뿐만이 아니다. 위험 중의 위험이 있다. '인간의 기본'이 흔들리고 있다. 인간의 기본? 그게 뭔데? 이에 대해서는 엄청나게 많은 철학 이론들이 있지만, 다 생략하고 저 맹자를 보자. 그는 말했다. 측은지심, 수오지심, 시비지심, 사양지심이 없으면 "인간이 아니다(非人也)"라고. 남을 불쌍히 여기는 마음, 부끄러운 줄 아는 마음, 옳고 그름을 판별하는 마음, 자기보다 남을 생각하는 마음, 소위 인의예지의 네 단서들이다. 요즘 우리 주변에 이런 인간이 있는가? 아예 없지는 않겠지만 거의 눈에 띄지를 않는다.

'인간의 기본'에 대해 공자는 인의예지 등 최소 50개의 가치들을, 소크라테스는 덕, 진선미, 정의 등 최소 15개의 가치들을 이야기했다. 예수도 사랑, 용서, 화평 등 부지기수다. 그중의 어느 하나만 제대로 갖추어도 그는 '인간'이라고 인정될 수 있다. 그런데 아무도 이런 것에 관심이 없다. 세상의 전면에서는 '비인(非人)'들만이 설쳐댄다. 대개는 그런 자들이 돈과 지위와 명성을 거머쥔다. 그래서 나라는 점점 더 천박화의 길로 치닫는다.

한국이 나아가야 할 유일한 방향은 '질적인 고급 국가'다. '세계 제일'의 진정한 선진국이다. 우리는 애당초 덩치가 작아 양적으로는 미-중-러-일과 게임이 되지 않는다. 그러나 질적으로 승부하면 충분히 승산이 있다. 삼성과 BTS가 그 모범을 보여줬다. 김연아를 비롯해 저 올림픽의 금메달들도 마찬가지다. 그 가능성을 결과로 입증한 것이다. 그런 것을 견인하고 뒷받침하는 게 정치의 임무다. 그런데….

우리의 정치는 '인간'에 대해, 그 '질'과 '고급화'와 '세계 최고'에 대해 뭔가를 하고 있는가? 아니 관심이나 있는가? 아니 정치에게 그런 걸 기대나 할 수 있을까? 정치 자체가 가장 저질이며 세계 꼴찌라고 거의 모든 국민들이 한결같이 입을 모은다. 저들은 반대당이나 국민들에 대해 측은지심이 없고 자신의 행태에 대해 수오지심이 없고 사안들에 대해 시비지심이 없고 이익 앞에 사양지심이 없다. '인간'이 못 되는 것

이다. 개념도 없는 그런 정치에게 무슨 '인간의 기본'을 기대
하겠는가. 이대로 가면 나라가 망한다. 참으로 위험한 시대
가 아닐 수 없다.

큰일 났다

큰일 났다. 코로나19가 전 세계에 창궐해 벌써 3년째 기승을 부리고 있다. 지구 온난화로 인한 이상기후가 빙하를 녹이고 홍수를 일으키고 지구와 인류의 존재까지도 위협하고 있다.

세계 최대의 핵무기를 보유한 군사 대국 러시아가 스스럼없이 침략 전쟁을 일으켰다. 미국과 중국이 세계 최강을 다투며 사사건건 대립하고 우리나라에게도 선택적 줄 서기를 종용하고 있다. 중국은 우리를 속국인 양 깔보고 있고 미국은 일본을 편들며 중요한 자리에 우리를 끼워주지도 않는다. 분단의 속박은 풀릴 기미를 보이지 않는다. 전 세계적 인플레와 무역 혼조로 경제도 휘청거리고 있다. 젊은이들은 연애-결혼-출산도 다 포기하고 취업도 집 사기도 포기하고 그것이 인구 감소, 생산력 저하, 삶의 질 저하로까지 이어지고 있다. 저소득에 고물가, 먹고살기도 만만치가 않다. 머리에 붉은 띠 두르고 모여 주먹 쥐고 소리를 지른다고 해결될 일이 아니다. 세계도 나라도 개인들도 깎아지른 절벽의 잔도를 후들후들 지나고 있다. 큰일 났다.

그런데 세상이 너무 조용하다. 모두가 강 건너 불구경하듯 뒷짐만 지고 있다. 이런 걸 수수방관이라고 했던가? 이게 더 큰일이다. 아니, 나라 안이 좀 시끄럽기는 하다. 좌우 대립과 상호 비방전은 매미 소리보다도 개구리 소리보다도 더 시끄럽다. 이건 더 큰일이다. 심지어 좌는 좌대로 우는 우대로 그 안에서조차 패거리가 갈려 서로 쥐어뜯는다. 국민의 입장에서 보면 결국은 다 와각지쟁이다. 그 달팽이 뿔조차도 내주기 아까울 지경이다.

진지하고 심각하게 저 세계적–시대적 문제들을 고민하는 목소리는 잘 들리지 않는다. 얼마 전까지는 그래도 철학을 위시한 소위 인문학이 이 문제들을 부여안고 씨름을 했다. 그런데 이젠 그 선수들조차 설 자리가 없다. 관객이 전혀 없는 건 둘째 치고 씨름장 자체가 폐쇄 명령에 떨고 있다. 거의 퇴출이다. 상당수 인사들이 강진으론지 유배를 떠나 돌아올 기약도 없다. 문제는 지속된다. 아니 나날이 확대 재생산되고 있다.

우리가 역량이 없는 것일까? 못난 민족이어서일까? 그건 아니다. 유튜브나 틱톡 등에서 많은 사람들이 떠들고 있듯,

우리는 대단한 역량을 지닌 우수한 민족이다. 지난 100년의 행적이 그것을 증명하고도 남는다. 우리는 못난 조상들과 고약한 이웃 일본 탓에 나라를 잃는 민족사 최대의 치욕을 겪었지만 끈질긴 독립 투쟁을 하며 결국 그 마수를 벗어났고, 어처구니없는 남북전쟁으로 전 국토가 초토화됐지만 그 잿더미에서 불과 몇 십 년 만에 세계 10위권 강국으로 우뚝 섰다. 칼-돈-손-붓(경제력-군사력-기술력-문화력) 모든 분야에서 우리는 두각을 나타냈다. 특히 산업화-민주화-정보화의 성과는 세계가 찬탄할 만큼 눈부신 바 있다.

그렇다면 무엇이 문제일까? 지금 우리가 목격하는 이 '큰일 난' 상황은 무엇 때문일까? 결국은 사람 때문이다. 우리를 일으킨 것도 사람이고 망가뜨린 것도 사람이다. 사람의 '질'이 결국 문제다. 사람에 대해서도, 그 행동에 대해서도, 특히 나아갈 방향에 대해서도, 그 '질'에 대한, '어떤'에 대한 질문이 없다. 그게 문제의 핵심이다.

우리는 '어떤' 인간이 돼야 하고, '어떤' 생각을 하며 살아야 하고, '어떤' 방향으로 나아가야 할 것인가? 어디로 가야 할 것인가? 그 옛날 한 고전 영화의 제목처럼 "쿠오 바디스, 도미네(주여 어디로 가시나이까)?"를 우리는 묻지 않으면 안 된다. 10년 후, 100년 후 우리가, 우리나라가, 세계가 어디로 가 있을지를 미리 내다보며 지금 고민하지 않으면 안 된다.

어떻게 하면 코로나를 종식시킬 수 있겠는가? 어떻게 하면 전쟁과 남북 분단을 끝낼 수 있겠는가? 어떻게 하면 건강한 지구를 되살릴 수 있겠는가? 어떻게 하면 젊은이들이 행복한 삶을 살 수 있겠는가? 철학의 목소리에 귀를 기울여야한다. 그런데 그 목소리가 다 죽어간다. 큰일 났다.

지식 시장의 시황

이른바 고급 학문인 철학의 폐습 중 하나로 어려움과 복잡함을 손꼽을 수 있다. 혹자는 그런 것에 오히려 매력을 느끼기도 하는데 그건 절대 칭찬할 일이 아니다. 어려운 언어에는 뭔가 미심쩍은 구석이 있으니 일단 '이쪽'보다 '저쪽'의 무능을 의심해볼 필요가 있다. 잘 모르고 말하니 어려워지는 것이다. 학문적 언어는 접근 가능하고 이해 가능한 것이어야 한다. 그런 점에서 철학의 미덕 중 하나로 손꼽아야 할 것이 '단순화'라고 할 수 있다. 20세기 최고의 철학자 중 하나로 평가되는 하이데거는 철학의 근본 주제인 '존재'라는 것을 '단순한 것(Das Einfache)'이라고 표현하기도 했다. 엄청나게 어렵고 복잡한 저 불교조차도 '펼치면 무한, 접으면 한 줌'이라고, 팔만에 이르는 대장경도 결국 저 한 바닥 《반야심경》 안에 다 축약돼 있고 그마저도 "조견오온개공 도일체고

액" 혹은 "아제아제 바라아제 바라 승아제 모지 사바하"라는 한 문장 안에, 아니, 심지어는 '도(度: 건너기)'라는 한 글자 안에 다 수렴될 수 있다. 기독교도 '회개'나 '사랑'에, 공자 철학도 '바로잡는다(正)'에, 소크라테스 철학도 '(제대로) 안다'는 한 단어 안에 다 수렴된다. 심오한 그 철학들도 의외로 단순한 것이다.

그런 단순화를 적용해서 말하자면 세상에서 수행되는 인간 행위의 대부분이 실은 다 '장사'라는 것에 포함된다고 말할 수 있다. 누군가가 무언가를 만들어 다른 누군가에게 제공하고 그 대가를 받는 행위가 곧 장사인 것이다. 그런 점에서는 이 세상의 곳곳이 다 시장인 셈이다. 이른바 '시장주의'라는 것은 그래서 무시할 수 없는 철학적 개념이 된다. 상품이 좋으면 소비자(고객)의 선택과 지불을 받고 상품이 신통치 않으면 외면을 당한다.

강의나 책의 형태로 팔리는 이른바 '지식'도 그런 점에서는 일종의 상품에 해당한다. 전공도 교양도 다 해당된다. 그것이 '지금 여기(hic et nunc)', 21세기 한국에서는 어떤 양상인가? 특히 그 근간이라고 할 수 있는 이른바 '인문학적 지식'은 어떤가? 이제 누구나가 다 아는 대로 완전히 찬밥 신세가 되고 말았다. 좀 더 적나라하게 표현하자면 개밥에 도토리 신세다. 그 주류 시장인 대학에서 이미 거의 퇴출 직전이다. 대학이라는 그 백화점에서 인문학이라는 이 코너는 손님이 없어 월세도 못 내고 곧 방을 **빼야** 할 처지인 것이다. 문제가 간단한 것은 아니다. 일단은 상황을 양비론으로 분석해보는 것이 유효하다. 판매자에게도 소비자에게도 문제가 있다. 하지만 그걸 탓만 하고 있어 봤자 아무 소용없다. 일단은 '물건' 자체가 솔깃해서 고객의 지갑을 열게 해야 한다. 현재 시장에 유통되고 있는 인문학의 상품들은 뭔가 그 상품성이 떨어져 보인다. 뭔가 새로운 기획이 필요할지도 모르겠다. 에세이, 시, 소설, 역사, 사유 등등 이런 것은 인간 정신을 위한 필수 아미노산, 비타민 같은 것이라 반드시 섭취를 해줘야 한다. 어쩌면 인기 있는 만화나 드라마나 영화나 가요 등과 적극 제휴를 할 필요도 있을 것이다. 속된 말로 '쌈박한' 포장도 필요하다.

그리고 백화점에서 그것이 안 팔린다면 틈새시장을 노려볼 필요도 있을 것 같다. 시대를 둘러보면 작금에 이르러 대학의 평생교육원이나 민간의 대안 아카데미나 주민문화센터나 도서관 강좌 같은 곳에서 제법 인문학적 아이템들이 인기를 끄는 모양새다. 일정 수요가 있다는 이야기다. 그런 기웃거림에 인문학은 적극 응답할 필요가 있다.

시대는 언제나 대체로 경박한 방향으로 그 발걸음을 향하지만, 누구나 다 그런 건 절대 아니다. 적지 않은 사람들은 '인간으로서의 자존심'을 내세우고 '인간이고자 하는 정신적 노력'에 인생의 일부를 기꺼이 할애한다. 거기에 '지적인 욕구'라는 게 양보할 수 없는 가치의 하나로 자리 잡고 있는 것이다.

절대 절망하지 말자. 나는 기치를 높이 세워 든다. "만국의 지식인이여, 분발하라!" 어딘가에서 우리를 기다리는 눈과 귀가 아직은 있다.

사람 되기의 어려움

　내가 좋아하고 높이 평가하는 많지 않은 책 중에《어른 되기의 어려움》이라는 게 있다. 그 영향은 아니지만 그 주제의 연장선에서 '사람 되기의 어려움'이라는 걸 생각해본다. 정치-경제만으로도 바쁜데 무슨 그런 한가한 생각을? 아니다. 이것은 정치-경제 이전의 주제다. 아니 과제다. 왜냐고? 세상에 '사람'이 많지 않기 때문이다. 무슨 소리! 세상에 넘쳐나는 게 사람인데, 80억이나 있는데, 사람이 많지 않다니!

　여기서 우리는 저 아득한 고대의 그리스에서 디오게네스를 소환해본다. 그를 존경해 일부러 찾아온 알렉산더 대왕에게, 무엇이든 다 들어줄 테니 소원을 말해보라는 그에게, 거기 서서 햇빛 가리지 말고 좀 비켜달라고 그게 유일한 소원이라고 말한 무욕의 철학자다. 그 디오게네스가 남긴 유명한 일화가 있다. 벌건 대낮에 등불을 들고 시내를 돌아다니며

"사람을 찾습니다(anthropon zeto)"라고 중얼거렸다는 것이다. 기행일까? 아니다. 왜? 물을 것도 없다. 사람이 드물기 때문이다. 사람이라고 다 사람이 아니기 때문이다.

이것은 2천 수백 년 전 그리스의 현실일 뿐만 아니라 21세기 한국의 현실이기도 하다. 사람이 드물다. 대부분은 경제를 위한 '노동력'이거나 (하이데거의 표현을 빌리자면) 심지어 '부품'으로 전락해 있다. 혹은 욕망의 화신 내지 그 노예들만 세상에 득시글거린다. 개중에는 악마들도 많다. '사람'이라고 할 수가 없다. 이러다 보니 '사람'에 대해서 아무도 관심이 없다. 이따금 사람다운 사람이 있어도 평가받거나 환영받지도 못한다. 이런 현실에서는 '사람 되기'가 너무나 어렵다. 이 중요한, 주제 중의 주제가 그래서 관심 밖으로 밀려나고 천덕꾸러기 신세가 되고 만 것이다.

생각나는 장면이 있다. 수년 전 한 외국계 글로벌 대기업의 사장님과 식사를 한 적이 있다. 귀한 기회라 이런 질문을 해봤다. "기업의 입장에서 대학에 주문하고 싶은 게 혹 없습니까?" 그랬더니 그 사장님의 답이 이랬다. "전공 교육, 그런 건 별로 중요하지 않습니다. 기본만 가르치면 됩니다. 대학에서 가르치는 지식들은 어차피 현장에서는 낡아서 못 씁니다. 회사에서 다시 가르쳐야 됩니다. 가르치면 됩니다. 그러나 회사에서 못하는 게 있습니다. '사람'을 만드는 겁니다. 그건 학교에서 해야 됩니다. 그러니 대학에서는 먼저 사람을 만들어서 회사로 보내주십시오." 너무나 인상적인 말씀이었다. 그 이후로 나의 교육관도 많이 달라졌다. 방향이 분명해졌다.

그러나 그게 쉬운 일일까? 사람을 만들어야 할 그 대학에서조차 진정한 사람 되기에는 별로 관심이 없다. 문제다. 그 문제들 중의 하나로 짚이는 것이 있다. '지식과 사람의 괴리'다. 지식과 인성이 따로따로 노는 것이다.

아는 것이 많은 사람은 주변에 많다. 세상에 넘쳐난다. 그러나 책의 바깥에서, 강의실 바깥에서, 그 사람 자신의 실제 삶에서 보면 생각과 말과 행동이 그의 지식과는 아무런 상관이 없다. 생각도 말도 행동도 거칠고 천박한 경우가 많다. 그런데도 그런 경우일수록 지식을 과시하고 고집하고 또 그들끼리 패거리를 지어 서로 공치사를 남발한다.

마치 '노동의 소외'처럼 '인간의 소외'라는 현상이 세상에는 만연해 있다. 그 연장선에 사람 되기의 핵심인 '겸손과 존중'의 실종이 있다.

철학에 조금이라도 관심이 있는 사람이라면 '지행합일'이라는 걸 들어봤을 것이다. 소크라테스의 철학이자 양명 왕수인의 철학이었다. 그들이 역사에서 돋보이는 것은 그들 자신의 앎과 삶에 괴리가 없었기 때문이다. 그들의 앎이 즉 가치관이 삶에서 구현돼 있었기 때문이다. 내가 '궁극의 철학'이라고 강조해왔던 공자-부처-소크라테스-예수의 경우는 특히 그러했다. '사람이 된' 대표적인 경우, '사람 되기'의 모범들이다. 그런 점에서 인류의 사표들이다. 인의예지 즉 측은지심, 수오지심, 사양지심, 시비지심, 그런 것이 없으면 사람이 아니라고 강조한 맹자도 같은 부류다.

물론 착각하지는 말아야 한다. 이들에 대해 많이 알고 있는 전문가라고 다 그들 같은 사람은 아니다. 오히려 이분들의 철학도 그저 한낱 지식일 뿐, 그 실제 삶은 이분들의 가르침과 한참 먼 인사들도 없지 않기 때문이다. 언론에서 각광을 받는 지식인들을 보며 '사람 되기의 어려움'이라는 주제의 무게를 새삼 느끼게 된다. 바야흐로 그런, 인간 소실점의 시대를 우리는 살고 있다.

신 평준화 사회

1950년대 생, 1970년대 학번인 우리 세대에게는 그 옛 추억 속에 '평준화'라는 단어가 있다. 치열했던 중학교 입시가 폐지되고 이른바 '뺑뺑이'를 돌려 학교를 배치함으로써 'KS'로 상징되던 이른바 명문들의 특별한 위상이 사라진 것이다. 아이들을 입시의 경쟁에서 해방했다는 명분은 있지만 그게 국가적으로 과연 바람직한 것이었는지에 대해서는 지금도 사람들의 견해가 날카롭게 갈린다.

"모든 것에는 서로 마주 보는 대립이 있다"고 설파한 그리스의 거철 헤라클레이토스의 말 대로 이 사안에도 당연히 장단 양면이 있다. 그것을 아는 사람의 입장에서는 장단 어느 쪽에 대해서도 편들기가 쉽지 않다. 긍정적인 면을 칭찬하는 것과 부정적인 면을 비판하는 것은 둘 다 철학이 권장하는 가치에 속한다.

그것을 전제로 하고 보면 한 가지 풍경이 눈에 들어온다. 평준화가 능사는 아니라는 것이다. 중국의 '도우인(抖音: TikTok)'이 자주 보여주는 국가별−시대별 비교 그래프를 보면 1960−70년대 이후 우리나라는 여러 면에서 가파른 상승 곡선을 그리는데, 그 견인차 역할을 한 것이 이른바 '상층부'의 엘리트들이었다는 것은 부인할 수가 없다. (물론 '개천 용'이나 '민초들'의 인생을 건 노력도 마찬가지로 부인할 수가 없다.)

지금 시대(2020년대)에 우리가 주목해야 할 것은, 우리가 만일 진정한 선진국을 목표로 한다면, 지금도 여전히 '상층부'의 엘리트들이 필요하다는 것이다. 정치−경제뿐만이 아니라 사회−문화를 포함하는 모든 면에서 그 수준이 두드러진 '상류' 내지 '일류'가 필요하다는 말이다. 이 말은 지금 우리 시대에 그런 인물들이 별로 보이지 않는다는 심각한 사태를 전제로 한다. '일류'의 실종 혹은 행방불명, 이게 우리 시대의 한 단면이다.

언론에 오르내리는 이름들 중에서 "여기 내가 있소"라고 자신 있게 손을 들 사람이 과연 누구인가. 그런데도 손을 드는 사람들은 물론 있다. 그러나 아무도 그 손을 믿지 않고 쳐다보지도 않는다.

이른바 '거대담론'을 밀어내고 대신 그 자리를 차지한 '작은 이야기'들이 주류가 된 모양새다. 포스트모더니즘의 승리? 그런 것일지도 모르겠다. 그러나 그 승리는 결코 칭찬할 영광의 승리가 아니다. 그것은 이 지상에서 '훌륭한 사람들'과 그들에 대한 '존경'이라는 것을 폐기 처분했다. 그 결과가 지금 우리 사회 전체에서 목격되는 하향평준화다.

그렇고 그런 잡동사니들이 힘을 갖고 설쳐댄다. TV를 켜고 신문을 펼치기가 겁이 난다. 소위 SNS는 더 말할 나위도 없다. 아무래도 좋은 언어들이 넘쳐난다.

다 어디로 갔는가. 존경할 만한 훌륭한 사람들은. 아예 없지는 않을 것이다. 더 척박한 토양이었던 저 1960년대, 1970년대에도 그런 사람들은 자라났다. 그들이 세계의 바닥권이었던 이 나라를 10대 선진국으로 끌어올렸다. 지금이라도 우리는 대오각성하고 개과천선해서 그런 인물들을 찾아내야 하고 양성해야 한다. 지금 이대로의 시스템에서는 그것이 원천적으로 불가능하다. 그것은 현실로써 이미 증명됐다.

그렇다면 대안은? 사람들이 그걸 모르지는 않는다. 교육과 독서다. 그리고 그 결과에 대한 '사회적 평가'다. '사회적 보상'이다. 어떻게든 그것을 제도화해야 한다.

붕괴된 교육 메커니즘을 복원해야 한다. 가정교육–학교교육–사회교육 3대 채널 모두다. 그것을 통해 '가치의 복원'이 시도돼야 한다. 잡동사니는 쓰레기통으로 그리고 보배들은 보석함으로 자리를 재배치해야 한다.

그리고 인간적 '일류'들의 깃발이 다시 하늘에 펄럭이고 사람들이 그것을 쳐다보며 존경하도록 만들어야 한다. 그렇게 해서 '질적인 고급 국가'를 건설해야 한다. 최소한 중국보다는 나은, 일본보다는 나은, 그리고 유럽보다도 미국보다도 더 나은 그런 고급이다. 그런 방향으로 이 나라를 이끌 지도자는 없는가. 부디 손을 들어주기 바란다.

'인간'의 좌표

2020년대 초, 지금 우리가 사는 이 시대의 화두에서 어쨌거나 '코로나19'가 빠질 수 없다. 먼 훗날 세계사 21세기 편에는 틀림없이 이게 '역사적 대사건'으로 기록돼 있을 것이다.

지금 우리는 그 한복판에 있어서 그저 쩔쩔매며 이것을 '치르기'에 급급하지만, 이건 사실상 인류 최초의 '팬데믹'이다. 전 세계를 범위로 어디도 예외 없이 퍼진 사상 최초의 역병인 것이다. 중국과 미국이, 그리고 남아공과 한국이 이토록 긴밀하게 얽힌 적이 일찍이 있었던가. 2019년에 본격화된 그놈이 변이에 변이를 거듭하며 2023년 현재까지도 아직 끝날 줄을 모른다.

자연이 만든 바이러스와 인간이 만든 백신 및 치료제의 싸움이 가히 점입가경이다. 우리 인간은 일찍이 이렇게 '쎈 놈'을 만난 적이 없다. 역병은 많았지만 페스트도 천연두도 결핵도 심지어 막강했던 에이즈도 사스도 메르스도 '전 인류'의 적은 되지 못했다. 저들과의 전쟁에서 인류는 나름 승리를 거두었다. 그 무적의 패권자가 바로 우리 인간이었다. 그러면 이번에도? 그러기를 우리는 막연히 예상하지만 아직은 그 결말을 알려주는 '미리 보기'가 없다.

그런데 만만치 않은 이 코로나19가 우리에게 알려주는 것이 있다. 혹은 제기하는 문제가 있다. '니들 인간이 대체 뭐냐?' 하는 것이다. 과연 '인간이 세계의 중심인가?' '인간이 만유의 주인인가?' 하는 물음을 코로나19는 우리 인간들에게 들이민다. '당연히!'라고 우리는 말하고 싶지만, 작금의 형국을 보면 쉽사리 그 말이 입 밖으로 나오지 않는다.

손에 기다란 삼지창을 쥐고 꼬리를 흔들고 있는 바이러스들이 낄낄거리며 우리 인간들을 비웃고 있기 때문이다. '눈에 보이지도 않는 우리 바이러스만도 못한 것들이 어딜 감히…' 저들의 떼창이 오대양 육대주에서 들려온다. 적어도 지금은, 그리고 당분간은 반박의 여지도 없어 보인다.

이 지점에서 철학은 우리에게 반성문을 요구한다. 그동안 우리 인간들이 좀 너무 설쳐대서, 너무 큰 문제들을 너무 많이 일으켜서, 신이 혹은 자연이 우리에게 이런 식으로 경고를 하고 있는 거라고 철학은 해석한다. (이런 해석이 실천적 맥락에서 유용한 의미를 갖게 되면 이 해석이 곧 진리가 된다. 제임스, 하버마스 등이 이런 식으로 생각할 수 있는 근거를 제공한다.)

나도 이런 해석의 대열에 가담한다. 우리 인간은 그동안 좀 너무 설쳐댔다. 신 앞에서 혹은 자연 앞에서 너무 오만했다. 마치 우리가 세상의 주인인 양, 인간의 이익을 위해 자연을 마구 휘저어놓은 것이다. 그 바탕엔 과도한 욕망이 있다. 진실을 찾기 위한 '가설'이지만, 코로나19의 출현도 그 '설쳐 댐'의 언저리에서 나온 부산물이다. 이 가설이 만일 논리적-과학적으로 입증된다면, 그 원인의 제거가 문제의 해결이 된다. 신과 자연에 대한 그동안의 오만을 반성하고 자연에게 화해의 손을 내밀어야 한다. 필요하다면 무릎이라도 꿇어야 한다. 자연과 인간의 관계를 (그 갑을 관계를) 재설정해야 한다.

하이데거를 비롯한 철학자들은 이러한 자연-인간 관계가 '근대' 이후 근본적인 변화를 겪었다고 진단한다. 스스로를 자연의 일부로 여기던 인간들이 거기서 떨어져 나와 자연을 '대상'으로 '객관'으로 설정하면서 대결, 파악, 극복의 상대로 변모시켰다는 것이다. 욕망에 기초한 '계산적 사고'가 자연 내지 존재에 대한 철학적-시적 사유를 대체했다는 것이다. 하여 지금도 그것은 추방돼 있거나 혹은 남아 있어도 거의 마비돼 있다.

그것은 대학에서도 서점에서도 화면에서도 확인된다. 철학과 문학은 지금 천덕꾸러기 신세다.

그게 코로나19와 무슨 상관? 다수가 반발할 것이다. 그러나 무관하지 않다. 조만간 그 메커니즘이 밝혀질 것이다. 나도 지금 그것을 기다리고 있다. 그때까지 나는 계속 반성문을 쓰라는 경고를 날릴 것이다.

인간의 좌표를 재설정해야 한다. 인간은 결코 자연의 주인이 아니다. 일단은 신과 자연 앞에서의 겸손과 절제가 답이다.

넥스트(Next)

　독립화-산업화-민주화-선진화(고급화). 간명하게 정리하자면 이렇다. 내가 생각하는 한국 현대사의 흐름이다. 조선왕조가 일본에 의해 멸망한 20세기 초 이후 100여 년에 걸친 우리 민족의 노력이 다 이 단어들로 축약된다. 이 단어들은 그냥 단어가 아니다. 무수한 사람들의 피와 땀으로 피워낸 꽃이다. 우리는 경건한 심정으로 그 세력들의 이름을 추억한다. (물론 '중립적-객관적으로' 그 '공(功)'만을 평가한다. '과(過)'는 일단 접어둔다.) 독립화 세력: 이승만, 김구, 안창호, 안중근, 류관순, 윤봉길, 홍범도, 김좌진 … 등 엄청나게 많다. 산업화 세력: 박정희, 김종필, 박태준, 이병철, 정주영, 김우중 … 등 역시 엄청나게 많다. 민주화 세력: 김주열, 김대중, 김영삼, 노무현, 전태일, 이한열 … 등 역시 엄청나게 많다. 이 점점점(…) 속에 얼마나 많은 이름들이 있는지를 우리는 안다. 그들을 우리는 자랑스럽게 그리고 가슴 아프게 기억한다. 이 이름들 없이는 오늘날의 한국이 불가능했다. 이 이름들이 비참한 식민지였고 세계의 바닥권이었던 우리나라를 지금과 같은 세계 10위권 국가로 끌어올려준 것이다. 참으로 무량한 공덕이다. 그 연장선에 이른바 선진화가 있다. 그 핵심은 질-격-급-수준 그런 것이다. 그게 우리의 넥스트(Next)다. 21세기를 사는 우리의 Next여야 한다.

이 역사적 발걸음은 이미 내디뎌졌다. 그 일환으로 우리는 정보화-세계화 같은 말도 들은 바가 있다. 이른바 한류도 일종의 문화산업으로서 여기에 기여하고 있다. 질적인 고급화라는 그런 의미에서 최종현, 반기문, 백남준, 이수만, 양현석, 박진영, 방시혁, 봉준호, 싸이, BTS, 윤여정, 안철수, 이해진, 김범수 … 등이 선진화 세력에 속한다고 할 수 있다. 이 점점점(…) 속에도 헤아릴 수 없이 많은 이름들이 포함되어 있다. 이어령도 있고 송승환도 있다. 강수진도 있고 조수미도 있고 조성진도 있다. 박세리도 있고 김연아도 있다. 하여간 한도 끝도 없이 많다. 삼성, LG, 현대, SK 등 기업들은 말할 것도 없다. 나는 이들의 공통된 핵심이 그 분야에서의 최정상급 '질(quality)'에 있다고 판단한다. 그게 우리의 Next가 지향해야 할 방향이다.

나는 이미 여러 차례 기회 있을 때마다 우리나라의 나아갈 방향으로서 '질적인 고급 국가'를 제시하고 강조했다. 세계 최고를 지향하라는 것이다. 최소한 일본-중국보다는 나은, 그리고 가능하다면 미국-유럽보다 나은, 그런 세계 최고다. 헛된 망상이 아니다. 삼성, BTS, 봉준호, 황동혁 등이 이미 그 가능성을 입증했다. LG와 현대도 그 최고에 다가서 있다. 서울대와 카이스트는 좀 더 분발해야 한다. 아직은 한참 모자란다. 칼-돈-손-붓(군사력-경제력-기술력-문화력)을 아우르는 각 분야, 전 분야에서 이제 그런 고급화 운동이 전개되어야 한다. 그런 철학은 "질적인 고급 국가를 지향하자"는 나의 이 말 한마디로 이미 충분하다. 그 각론은《국가의 품격》등에 자세히 전개되어 있다. 그게 정답이다. 무릇 진리는 단순하다. 단순해야 한다.

필요한 것은 인물이다. 위에 언급된 이들 외에 더 많은, 더 훌륭한 인물이 등장해 그 실력을 발휘해야 한다. 우리 사회는 그런 이들이 실력을 발휘할 수 있도록 토양을 마련해줘야 한다. 분위기를 형성해줘야 한다. 최소한 그들의 가능성을 꺾거나 짓밟지 말아야 한다. 인물이 없는 것은 절대 아니다. 적지도 않다. 그게 한국의 최대 신비다. 이 작은 나라에 어떻게 세계 정상급의 훌륭한 인물이 이리도 많은지….

가장 아쉬운 것은 정치적인 리더십이다. 이건 하늘의 도움이 필요하다. 역사를 보면 알지만 위대한 지도자는 하늘이 내리는 것이다. 세종이 그랬고 이순신이 그랬다. 산업화를 지휘한 박정희도 그랬다. 기다려보자. 제대로 된 지도자가

한 명만 더 나타난다면 한국이 세계 최고가 될 날은 멀지 않을 것이다. 어쩌면 기도가 좀 필요할지도 모르겠다.

희망가

1930년대 망국의 어둠 속에서 '희망가'라는 노래가 크게 유행했었다. 1921년에 발표된 노래다.

이 풍진(風塵) 세상을 만났으니 너의 희망이 무엇이냐 / 부귀와 영화를 누렸으면 희망이 족할까 / 푸른 하늘 밝은 달 아래 곰곰이 생각하니 / 세상만사가 춘몽 중에 또다시 꿈같도다…

'희망가'라는 제목이 무색하게 가사의 분위기는 칙칙하다. 좀 허무주의 같다. 그래도 작가는 이 제목에 뭔가를 의탁하고 싶었을 것이다. 지금 2021년, 그로부터 꼭 100년이 지났다. 무슨 기념처럼 이 노래가 다시 생각난다.

그 사이 세상은 완전히 달라졌다. 일본의 지배에서 독립한 우리는 이제 일본과 어깨를 견주는 선진국이 되었고 문화,

기술 등 일부에서는 일본을 추월하기도 했다. 기나긴 역사에서 상국 혹은 종주국 행세를 하던 중국도 우리를 일단 선진국으로 바라본다. 미국을 위시한 G7에도 여러 차례 초청되면서 거의 준회원국 취급을 받고 D10의 일원으로 거론되기도 한다. 긍지 내지 자부심을 가질 만하다. 그 과정에서 피와 땀을 흘린 선배 세대들에게 우리는 엎드려 절하지 않으면 안 된다. 산업화 세력과 민주화 세력 모두에게다. 그들의 노력과 희생 없이는 오늘의 이 영광이 불가능했다.

그러나 솔직히 성찰해보자. 지금 우리의 표정은 어떠한가. 그다지 밝지 않다. 세계를 뒤덮은 코로나 때문만도 아니다. 우리의 현실이 여전히 '이 풍진 세상'이기 때문이다. 바람은 잦아드는 날이 없고 먼지는 걷히는 날이 없다. 매일매일 전해지는 뉴스만 봐도 이건 곧바로 확인된다. 이런 세상에서도 부귀와 영화를 누리는 사람은 물론 있다. 누군가는 고관대작이 되고 누군가는 떼돈을 번다. 그러면 희망이 족할까? 그들의 대답을 한번 들어보고 싶다. "… 곰곰이 생각하니 세상만사가 춘몽 중에 또다시 꿈같도다"라고 말하는 사람이 있다면 그나마 양심 있는 사람이다.

우리는, 특히 '있는' 사람은, 자신의 결과에 대해 그리고 세상에 대해 책임을 져야 한다. 부귀영화도 말하자면 선택의 결과인데, 그 선택은 물론 각자의 실존적 선택이지만, 동시에 또한 세계에 대한 선택이기도 하다고 저 사르트르가 가르쳐준 바 있다.

부귀영화를 차지하는 과정에서 무수한 사람들이 거친 바람을 일으키고 탁한 먼지를 일으킨다. 세상의 풍진은 사람이 일으키는 것이지 저절로 이는 것이 아니다. 철학적으로는 상식이지만, 그 풍진은 욕망과 욕망의 충돌에서 생겨난다. 그 욕망이 개인을 넘어 집단화할 때, 즉 패거리 혹은 진영의 욕망이 될 때, 그 바람과 먼지는 더욱 거세게 인다. 입장의 충돌, 견해의 충돌이 되기 때문이다. 아니, 그 핵심은 결국 이익의 충돌이다. 철학은 이것을 이미 너무나 잘 알고 있다. "인간은 인간에게 늑대"라고 간파한 홉스의 철학이 그 대표격이다. 그래서 이 세상은 '만인에 대한 만인의 투쟁'이 되는 것이다. 그 결과가 '이 풍진 세상'이다.

그러나 어쩔 수 없을까? 그게 다일까? 아니다. 어쩔 수 있다. 다른 방향도 있다. "인간은 인간에게 신이다"라고 포이어바흐는 가르쳐줬다. 저 최제우의 '인내천(人乃天)'도 같은 말이다. 이것도 진실이다. 우리가 사는 이 세상에는 이 양면이 동시에 공존하는 것이다. 그쪽으로 가면 된다.

결국은 선택이다. 자기를 선택하고 세계를 선택하는 실존적 결단을 우리는 각자 그때그때 내리지 않으면 안 된다.

바야흐로 선거의 계절이다. 선거도 그런 실존적 선택의 일환이다. 그게 나를 결정하고 세계를 결정한다. 이는 단순히 1번이냐 2번이냐, 진보냐 보수냐의 선택이 아니다. 우리의 눈은 정의냐 부정이냐를 바라보아야 한다. 선이냐 악이냐를 바라보아야 한다. 두 눈을 부릅떠야 한다. 저 풍진에 언제까지나 시달릴 수는 없기 때문이다. 풍진의 한가운데서 우리는 다시 희망을 노래하자. 로마의 철인 키케로의 말대로 "숨을 쉬는 한, 희망은 있다(dum spiro, spero)."

뉴스라는 민폐

　사회과학이 아닌 인문과학의 관점에서 '뉴스'라는 것을 생각해본다. '뉴스'가 배제된 현대인의 삶은 아마 성립 불가능일 것이다. 무인도라도 가지 않는 한 우리는 뉴스의 그물망에서 벗어날 수 없다. 도시인들은 요즘 대부분 잠이 깨자마자 자리에 누운 채 스마트폰을 켜고 뉴스부터 열어볼 것이다. 보이지 않는 어떤 힘이 작용해 거의 강압적으로 그리하도록 우리에게 명령을 내리는 것 같다. 그런 것을 철학자 푸코는 '삶의 권력'이라고 지칭했다. 뉴스도 말하자면 그중 하나다. 그것은 우리 인간의 본질적 경향이기도 한 '호기심'과 짝짜꿍을 이루며 현대적 삶의 한 양상을 규정한다. 하이데거는 그것을 이른바 '세인'이 보여주는 '퇴락'의 3대 특징(수다, 호기심, 모호성) 중 하나로 지적했다.

　그런데 어떤가? 우리는 그 뉴스에 만족하는가? 그것을 접한 뒤에 '어떤' 느낌이 남는가? 모종의 행복/만족감이 거기 있을까? 천만에. 대부분이 인정한다. 스트레스만 남는다고. 그 원흉은 대부분 정치와 경제다. 코로나19와 우크라이나 전쟁 이후 국제뉴스도 그 스트레스에 강도를 더한다. 사실 뉴스를 접하는 일반인의 입장에서는 민폐도 그런 민폐가 없다. 뉴스 자체야 인간의 세상이 지속되는 한 끊임없이 생성되고 보도되겠지만, 그것을 보고 듣고 읽으며 스트레스만 받는다면 구조적으로 그런 어리석음이 없다. 우리의 삶이 지금 그런 양상이다. 일종의 '바보들의 행진'이다.

그래서다. 그래서 우리는 한 번쯤 그 뉴스라는 것의 '무엇'과 '어떤'을 반성적으로 검토해볼 필요가 있다. 검색보다 검토가 우선해야 하는 것이다. 좀 황당할지도 모르지만 공자나 플라톤 같은 관점에서 '이상론'을 펼치자면 철학이 할 말은 너무 많다.

우선 정치-경제 뉴스의 양을 줄이고 순위를 늦추는 것이다. 지금 우리 뉴스는 너무 과도하게 정치인들에게 카메라를 들이댄다. 좌든 우든 그들의 얼굴을 보고 싶어 하는 국민들이 도대체 얼마나 될까? 그런데도 TV든 신문이든 통신이든 끊임없이 가장 먼저 저들의 얼굴을 비춰준다. 그건 거의 폭력이다. 국민들은 그렇게 거의 매일 매 순간 뉴스에게 얻어맞고 있다. 특히 그 뉴스들이 은연중에 입장이나 의견이 다른 서로간의 '증오'를 부채질하고 있다는 것을 전혀 의식하지 않는다. 그 증오는 지금 거의 암처럼 번져가고 있다. 나라가 위태롭다. 그런데 그 위기를 지적하는 뉴스는 별로 눈에 띄지 않는다.

사실 스포츠 뉴스라는 것도 문제가 있다. 스포츠의 긍정적인 역할은 물론 지대하지만, 작금에는 그 비중이 너무 커져버렸다. 그것이 3대 우민정책(sports, screen, sex)의 하나라는 것은 고등학생만 돼도 다 안다. 그 시간과 코너가 따로 배정돼 있으니 '특별대우'가 아닐 수 없다. 일종의 특혜다. 주변에 물어보면 알겠지만 그것에 특별한 관심이 없는 경우가 실은 더 많다. 여성들은 특히 그렇다. 그러니 일종의 강매인 셈이다. 반성적으로 고려해볼 필요가 있다.

한편 부당하게 뉴스에서 천대받는 분야도 있다. 문화─예술, 특히 인문─교양 관련 뉴스다. 그런 것은 스트레스와 무관하다. 오히려 그 반대편이다. 인간 정신의 질적 향상에 기여할 수 있는 분야다. 그런 것은 요즘 개밥에 도토리 신세다. 그런 무시─천대─차별─배제는 우리 사회의 질적 천박화를 부추긴다. 우리가 이른바 '선진'사회를 지향한다면 마땅히 신경을 써야 할 분야다. 그런 뉴스를 가장 먼저, 가장 많이 노출시켜보는 것은 어떨까. 그런 게 안정적으로 지속된다면 알게 모르게 우리 사회는 앞으로─위로 그 방향을 틀게 될 것이다. '칼럼'도 이 카테고리에 포함된다.

황당한가? 아니다. 그렇지 않다. 우리는 지금 병을 앓고 있다. 당장 칼을 대지 않으면 점점 심하게 곪아 들어갈 것이 틀림없다. 철학은 지금 민폐가 된 '뉴스'에 대해 반성을 요구한다.

그리운 간디

원칙 없는 정치(politics without principle)

노동 없는 부(wealth without work)

양심 없는 쾌락(pleasure without conscience)

인격 없는 지식(knowledge without character)

도덕성 없는 상거래(commerce without morality)

인간성 없는 과학(science without humanity)

희생 없는 신앙(worship without sacrifice)

마하트마 간디가 1925년에 쓴 《젊은 인도》라는 책에서 지적한 일곱 가지 '사회적 악덕(social sins)'이다. 정확히 옮기자면 '사회적 죄악'이다. 나는 그 분야의 전문가가 아니라서 당시의 인도사회가 어떠했는지는 잘 알지 못한다. 그의 이 말이 인도사회를 겨냥한 것인지 영국 등 서구사회를 겨냥한 것인지도 잘 알지 못한다. 그러나 한 가지 분명한 것은 그가 이러한 '사회적 현상들'을 겨냥했다는 것이고 이것을 '악덕(사회적 죄악)'으로 규정했다는 것이다.

이런 종류의 발언들은 그 자체로서 하나의 사회적 행위인 것이고 더욱이 그 행위는 그 행위자의 도덕적 가치관 내지 삶의 방향을 반영한다. 그런데 우리는 제대로 알고 있는 것일까? 이런 종류의 발언은 어떤 머리 좋은 사람의 재치에서 우연히 나온 것이 아니라는 사실을.

이런 종류의 발언은 뼈저린 체험에서 나온 것이고 더욱이 숭고한 이상에서 나온 것이다. 그런 이중의 배경 없이는 아예 나올 수가 없는 발언인 것이다. 그 점을 생각해보면 이 말을 한 간디라는 인물이 얼마나 훌륭한지가 비로소 찬연히 드러난다. 그는 우리 인간들의 삶에서, 특히 사회적 삶에서, '정치와 부와 쾌락과 지식과 상거래와 과학과 신앙'이 얼마나 중요한 것인지를 이미 꿰뚫고 있다. 그리고 그것들보다 더욱 중요한 것이 '원칙과 노동과 양심과 인격과 도덕성과 인간성과 희생' 같은 것임을 강조하고 있는 것이다. 이른바 '가치의 세계'다. 지금 여기, 21세기 한국, 우리의 삶의 세계에서는 거의 사라져버린 '잃어버린 세계'다.

우리의 현실이 그렇지 못한 것이다. 정치에서 신앙까지, 전자들은 엄연한 혹은 불가피한 현실이건만, 원칙에서 희생까지, 후자들은 그 종적을 찾을 길이 없는 것이다.

'without(없는)'이라는 단어가 그런 아픈 현실을 고스란히 담고 있다. 그런데 아는가? '없다'는 것, 이건 그냥 하나의 단어가 아니라 병인 것이다. 그것도 아주 고질병, 난치병이다. 바로 이 병으로 수많은 사람들의 삶이, 아니 사회 전체가 끔찍한 고통 속에서 허덕인다.

간디가 지적한 이 사회적 죄악들은 그렇게 고스란히 지금 우리 한국의 사회적 현실이 되어 있다. '없는', '없는', '없는' …이라는 이 단어가 너무나 아프게 들려온다. 무엇보다도 아픈 것은 지금 우리에게는 이런 경고의 목소리를 외치는 간디 같은 인물조차도, 그런 목소리조차도 없다는 사실이다. 아니, 아예 없지는 않을지도 모른다. 어쩌면 간디 못지않은 인물이 많을지도 모른다. 그러나 그들의 목소리가 사람들의 귀에 들리지를 않는다. 들리지 않는 목소리는 없는 것과 사실상 다를 바 없다. 게다가 있다 해도 사람들이 들으려고도 하지 않는다. 지금 우리 사회는 총체적인 청각 장애를 앓고 있다. 바야흐로 '귀 없는 세상'이다. 외치는 입도 없고 들으려는 귀도 없으니 중증 장애다.

간디가 지적 소유권을 주장하지는 않을 테니까 나라도 그를 대신해서 외쳐보려 한다. 원칙 있는 정치, 노동 있는 부, 양심 있는 쾌락, 인격 있는 지식, 도덕성 있는 상거래, 인간성 있는 과학, 희생 있는 신앙, 그런 것을 우리는 추구하자고. 그렇게 해서 온전한 세상에서 온전한 삶을 살아보자고.

바로 이런 것들이 이 세상과 삶의 질을 결정하는 '가치'라는 것이다. 금보다도 다이아몬드보다도 더 소중한 가치다.

양과 질의 관계

한때 우리나라의 지성계에도 큰 영향을 끼쳤던 헤겔의 철학에 '논리학'이라는 것이 있다. 그의 논리학은 일반에게도 널리 알려진 아리스토텔레스의 이른바 연역논리나 베이컨의 이른바 귀납논리와는 크게 다르다. 극단적으로 단순화시켜 말하자면 그의 논리는 '내용의 논리', '현실의 논리', '운동의 논리', '변화의 논리'다. 구체적 현실이 어떻게 운동-변화해가는가 하는 논리적 구조를 알려주는 것이다. 그것을 흔히 변증법(Dialektik)이라 부르기도 한다. 그의 철학이 비록 '추상적 사변'으로 유명하지만, 아이러니하게도 그 자신은 '구체적', '객관적', '현실적', '이성적'이라는 것을 엄청 강조한다.

물론 그의 철학, 그의 논리학이 일반인들에게 이해되기는 쉽지 않다. 철학자들이라고 별로 다르지도 않다. 일부 헤겔 전공자들을 제외하고는 철학자가 읽어도 머리에 쥐가 나는 것이 헤겔의 철학이다. 심지어 저명한 영국 철학자 러셀 같은 이는 그의 철학을 아예 철학으로 치지도 않는다. 하지만 그럴수록 거기서 많은 시사를 얻을 수 있다는 게 헤겔 철학의 장점이자 매력이기도 하다. 자유롭고 다양한 해석이 얼마든지 가능한 것이다. 그렇게 응용한 것이 또한 마르크스의 이른바 유물변증법이기도 했다.

골치를 아프게 할 의도는 전혀 없다. 한 가지 그의 철학을 원용하기 위해서 그리고 교양의 한 토막을 소개하기 위해서 잠깐 그의 철학을 언급했을 뿐이다. 헤겔의 그 논리학에 보면 '질이 양으로 변하고 양이 질로 변하는' 양과 질의 관계를 논하는 흥미로운 대목이 있다. (전문적인 철학이론을 밀쳐두고 생각해보면 양이란 많고 적은 것, 크고 작은 것, 넓고 좁은 것, 높고 낮은 것 … 그런 것을 말한다. 그리고 질이란 맞고 틀린 것, 좋고 나쁜 것, 좋고 싫은 것, 옳고 그른 것, 곱고 추한 것 … 그런 것을 말한다. 참고로 헤겔의 선배인 칸트는 '하나—여럿—모두'를 '양'으로, '긍정—부정'(즉 이다—아니다)을 '질'로 간주했다. 아리스토텔레스는 선—면—입체—시간—장소(연속적 양), 수—말(불연속적 양) 등을 '양'으로, 습관과 기질, 자연적 능력과 무능, 감정적 성질과 애정, 상태 등을 '질'로 간주했다.) 나는 헤겔에 대해 비판적인 하이데거의 철학을 전공했지만 개인적으로는 헤겔 철학의 이런 대목(현실 변화의 논리적 구조를 논하는 대목)에 관심이 많다. 예컨대 이런 생각을 하기 때문이다:

나는 머리 좋은 헤겔이 괜히 이런 말을 한 것은 아니라고 본다. 양과 질은 분명히 뭔가 관계가 있다. 질은 양을 변화시키고 양은 질을 변화시킨다. 이를테면 옳은 것, 좋은 것, 아름다운 것은 크고 많을수록 어떤 식으로든 질적 수준을 높이는 데 기여하고, 그른 것, 나쁜 것, 추한 것은 크고 많을수록 질적 수준을 떨어뜨리는 데 기여한다. (은행들과 기업들의 통합이 경쟁력 향상에 기여하는 것도 그런 경우일지 모르겠다. 또한 오답이 많을수록 성적이 내려간다는 것도 한 예가 될지 모르겠다. 옳은 일도 목소리가 작고 적으면 나쁜 현실을 바로잡을 수 없다는 것 또한 비슷한 경우다.) 반면에 질적 수준이 높은 것은, 크고 강하고 많은 양적 수준을 올리는데 역시 결정적으로 기여한다. (고품질의 상품이 수익 신장에 기여하는 것도 그런 경우일까?) 아무튼 그런 것을 헤겔은 질량의 관계, 질량의 통일이라고 생각했다.

그렇다면 지금 우리 사회는 어떠할까? 지금 이곳의 우리 현실에는 과연 질적 수준에 기여하는 '옳은 것, 좋은 것, 아름다운 것'이 양적으로 얼마나 될까? 질적 수준을 떨어뜨리는 '그른 것, 나쁜 것, 추한 것'은 또 얼마나 될까? 내가 보기에, 진과 선과 미는 적고 작으며, 위와 악과 추는 참으로 크고 그리고 많다. 우리 주변에 넘쳐난다. 그것을 일일이 나열하자면 아마 책 몇 권으로도 모자랄 것이다. 적어도 나의 '건전한 이성'에 포착되는 우리의 현실은 그렇다. 우리의 주변을 한번 둘러보자. 우리의 동네에 도로에, 우리의 학교에 직장에, 우리의 관청에 의회에 법정에 … 만연된 악을 발견하는 것은 결코 어려운 일이 아닐 것이다. 나의 주위, 학문 세계에도 이를테면 연구 부정, 시험 부정 같은 비리가 첩첩으로 쌓여 있다. 그 모든 것들이 우리 사회의 질을, 따라서 삶의 질을 심각하게 저하시키고 있는 핵심들이다. 그렇게 양은 질을 변화시키고 질은 양을 변화시킨다.

우리가 사는 이 사회의, 이 현실의 '질적 수준'에 조금이라도 관심이 있다면, 한번쯤 철학자들의 견해를 참고하면서 진지하게 반성해볼 필요가 있지 않을까. 요즘 대세대로 만일 현실의 양과 질을 '숫자로' 표현해본다면, 지금 우리의 진실과 거짓, 옳음과 그름, 아름다움과 더러움은 1에서 10 중 어디쯤에 위치하게 될까? 좀 과장하자면 전자(진-선-미)는 어쩌면 1에 가까울 것이고, 후자(위-악-추)는 어쩌면 10에 가깝지는 않을까? 아마 크게 틀리지는 않을 것이다.

우리는 알게 모르게, 의식적 무의식적으로, 그 어느 쪽인가에 가담한다. 이는 거의 불가피한 필연이다. 방관도 침묵도 자칫하면 악에게 이용당해 그쪽에 힘을 실어줄 수가 있게 된다. 살아보니 그랬다. 우리가 마음 편히 숨을 곳은 없는 듯하다.

질을 위해서 하나라도 양을 늘려가야 하고 키워가야 한다. 이제 우리는 어느 쪽에 숫자 하나를 보탤 것인가. 선인가 악인가. 질적 제고인가 질적 저하인가. 지금 이 순간도 그것이 우리의 선택과 결정을 요구한다.

행복은 어디 있는가

이른바 삶의 질이 최고에 도달하는 지점은 아마도 '행복'일 것이다. 그래서 행복(eudaimonia)은 소크라테스–플라톤–아리스토텔레스 이래 철학의 한 대표 주제였다. 행복이란 과연 무엇이며 그것은 과연 어디에 있는 것일까? 요즘은 대부분이 '돈'을 언급하겠지만, 그리고 쉽게 그것을 부인할 수는 없겠지만, 그게 다는 아니라는 것 또한 대부분이 다 안다.

걸을 수 있다면
설 수만 있다면
말할 수만 있다면
볼 수만 있다면
더 큰 복을 바라지 않겠습니다

누군가는 지금 그렇게 기도를 합니다

놀랍게도 누군가의 간절한 소원을
나는 다 이루고 살았습니다

놀랍게도 누군가 간절히 기다리는 기적이
내게는 날마다 일어나고 있었습니다

부자 되지 못해도
빼어난 외모 아니어도
지혜롭지 못해도
내 삶에 날마다 감사하겠습니다

어떻게 해야 행복해지는지
고민하지 않겠습니다
내가 얼마나 행복한 사람인지
날마다 깨닫겠습니다

나의 하루는 기적입니다
나는 행복한 사람입니다

'언더우드 목사님의 기도'라며 한 친구가 고등학교 동기 카

톡방에 이런 글을 올렸다. 언젠가 어디선가 들어봤음직한 말이다. 세상에 넘쳐나는 '좋은 말'의 하나이다 보니 좀 뻔할 정도로 식상할 수도 있다. 그런데 이번엔 이 말이 가슴에 '확'와 닿았다. 지난 방학 동안 혹독하게 병치레를 했기 때문이다. 그러다 보니 멀쩡하게 거리를 돌아다니는 것만 해도 얼마나 엄청난 행복인지를 그야말로 뼈저리게 실감했다.

매일매일 놀라운 기적과 행복 속에 살아가면서 우리는 얼마나 우리의 '불운'과 '불행'을 투덜대고 원망하는가. 온통 '불만'투성이다. '감사'와 '지족'이라는 것을 평소에 학생들에게 그토록 강조해왔음에도 불구하고 나 자신은 과연 그것을 얼마나 제대로 실천했던 것일까. 좀 반성이 되기도 했다. 나의 병치레라는 것도 어떻게 보면 '과욕'에 기인한 측면이 없지 않았다. 지난 30여 년간 30여 권의 책과 수십 편의 논문을 썼으니 몸과 정신이 배겨날 턱이 없다. 그 절반 정도에서 지족하고 감사했더라면 탈이 나지 않았을 텐데…. 병의 불편함 속에서 그런 생각이 들기도 했다. 그게 뭐라고….

나만이 아니다. 주변을 돌아보면 이 '지족'과 '감사'라는 덕을 실천하지 못하고 결국 탈이 나거나 화를 부르는 사람들이 적지 않다. 정치인들과 경제인들 중에는 특히 많다. 본인의 능력은 돌아보지 않고 과욕을 부리다가 본인은 물론 나라와 회사에 큰 폐를 끼치기도 한다. 문화인들도 예외는 아니다. 아무리 작품과 연기가 좋다손 치더라도 본인의 건강을 해치면서까지 무리를 하다가는 아예 그 무대를 떠나게 되는 경우도 없지 않다. 그들의 재능을 생각하면 얼마나 아까운 노릇인가.

국가의 경우도 마찬가지다. 역사 속에서 보면 어느 정도의 내적 역량을 비축한 국가들이 지족하지 못하고 결국 그 힘을 밖으로 분출해 침략과 전쟁을 일으키고 엄청난 재앙을 초래한 경우가 적지 않았다. 저 로마 제국과 마케도니아 왕국이 그러했고, 몽골 제국과 오스만 제국이 그러했고, 나치의 독일과 군국주의 일본이 그러했다. 그 과욕으로 인한 희생은 그 얼마였던가. 얼마나 많은 사람들이 그로 인해 노예적 삶을 강요당했고, 얼마나 많은 어린이와 부녀자들이 희생됐으며, 얼마나 많은 피가 대지를 붉게 물들였는가.

만족하고 감사하지 못하는 인간의 오만과 과욕이 스스로 행복을 몰아내고 불행을 초래한다. 행복은 결코 멀리 있지 않다. 나의 멀쩡한 손과 발, 멀쩡한 눈과 귀, 코와 입, 맛있는 밥 한 끼, 내 옆에서 웃어주는 아내와 자식들, 그 모든 게 다 행복의 다른 이름들이다. 그것을 아는 자에게는 그것이 바로 행복이 되고, 그것을 모르는 자는 헛된 곳을 찾아 헤매다가 엉뚱한 불행의 지뢰를 밟기도 한다. 주어진 기적 같은 오늘에 지족하면서 매일매일 하늘에 감사할 일이다.

삶의 질과 건강

내 친구 L은 모범답안 그 자체다. 대학 시절 거의 모든 과목을 A학점으로 장식했고 3년 만에 이른바 조기 졸업을 달성했다. 졸업 후 곧바로 교단에 서서 안정적인 일생을 보냈고 결국 교직의 꽃인 교장선생님이 되어 무탈하게 그리고 영광스럽게 정년퇴직을 했다. 언젠가 그가 "내 인생의 행복도는 10점 만점에 10점"이라고 말한 적이 있다. 만족도도 아마 같을 것이다. 함께 모인 친구들 모두가 칭찬하고 부러워했다. 아닌 게 아니라 그럴 만하다. 특히 그런 긍정적 자세가 그 10점에 결정적으로 기여했으리라 짐작된다. 그런데 얼마 전 그의 부인이 뜻하지 않게 병치레를 했다. 중병인데, 역시 그의 행운인지 어려운 치료를 잘 견뎌내고 무사히 퇴원을 하고 일상을 회복했다. 친구들도 가슴을 쓸어내렸다. 그 후 다시 만났을 때, "지난 1년이 내 인생에서 가장 힘들었다"고 그는 토

로했다. 거의 병원에서 지낸 그 1년간 그의 삶의 질은 아마도 바닥이었을 것이다. 역시 건강이다.

건강이 인생에서 최고의 가치 중 하나라는 것은 고령화시대에 접어든 요즘 누구나 인정한다. 나이 60줄에 들어서면 단연 압도적인 관심사로 떠오른다. 또래의 모임이라면 어딜 가도 화제 중의 화제가 된다. 드라마에서도 허준이나 '닥터'의 '의사생활'이 등장하면 인기를 끌고, 이웃 중국에서도 화타, 편작, 장중경, 이시진, 손사막은 흥행의 보증수표다. 이웃 일본에서도 카이바라 에키켄의 《양생훈》은 모르는 사람이 거의 없다. 나도 교양 '인생론' 강의에서 우리 인간이 '육체적 존재'라는 것과 그 육신의 '건강'을 하나의 철학적─인생론적 가치로서 반드시 거론한다. 그것이 '인생의 질'을 좌우하는 결정적 변수의 하나가 되기 때문이다.

하기야 그걸 누가 모르겠는가. 건강하고 싶지 않은 이가 어디 있겠는가. 그러나 그 건강을 위한 우리의 환경과 여건은 과연 어떤가. 그리 녹록지 않다. 아니, 여기저기에 문제투성이다. 온갖 악조건들이 우리의 건강을 위협한다. 병은 한 번 걸렸다 하면 그길로 우리의 삶의 질은 급전직하한다. 선천적인 질병이야 어쩔 수 없다고 치자. 그러나 예컨대 소음이나 공해나 화학물질이나 특히 나쁜 음식들로 인해 발생하는 질병들도 많다. 그런 것은 우리 인간들이 야기하는 것이니 우리의 노력 여하에 따라서 그 발생을 다스릴 수가 있다.

삶의 질과 결정적으로 연관되는 노력이다. 못 믿을 음식들이 우리 주변에 너무 많기 때문이다. 위생 의식이 없이 돈벌이만 생각하다 보니 식중독으로 더러 사람이 죽기도 한다. 그런 것은 명백한 사회악이다. 그런 것을 원천 차단하는 법적−제도적 장치가 더 필요하지 않을 수 없다.

그래도 병은 찾아온다. 사람은 살면서 누구나 한 번쯤 병에게 내 몸을 내주지 않을 수 없다. 그럴 때는 치료를 해야 한다. 당연히 경제적−육체적−정신적 고통이 수반된다. 목숨이 걸린 경우도 있다. 인생의 일대사다. 관련된 소설, 영화, 드라마들이 얼마나 많은가. 나는 지금도 어린 시절 보았던 리칭 주연의 홍콩 영화 〈스잔나〉를 기억한다. 뇌종양으로 주인공이 죽는 비극이었다. 명작 소설 《홍루몽》도 기억한다. 역시 주인공 임대옥이 병사하고 그녀를 사랑하는 가보옥이 출가하는 불교 소설이다. 그래서 병의 치유는 근본적으로 철학적인 문제이기도 하다. 그와 관련된 문제들이야 하나둘이 아니겠지만 한 가지 특별히 짚어볼 부분이 있다.

누구나 아는 대로 몸에 탈이 나면 병원을 찾는다. 의사를 찾는다. 그런데 의사를 만나는 것부터가 쉬운 일이 아니다. 5분을 만나기 위해 몇 시간을 기다리는 건 예사다. 예약이 쉽지 않은 경우도 많다. 경우에 따라서는 수술을 위해 1년 이상을 기다리기도 한다. 그러는 사이 환자는 병세가 악화되고 심지어 치료의 시기를 놓치고 생명을 잃기도 한다. 양질의 의사가 더 필요할 수밖에 없다. 의사 집단은 맹렬히 반대하지만 의대를 늘리고 의사를 늘리는 것은 불가피하다. 특히 지방의 의료 공백은 이미 심각한 상태에 이르러 있다. 그것을 방치하는 것은 이제 윤리-도덕의 문제를 넘어 사회적-정치적 죄악의 문제라 해도 과언이 아니다. 단순한 의료 수가의 문제가 아닌 것이다.

한 가지 더 진지하게 고려해보아야 할 의료 문제가 있다. 이른바 재택 치료 내지 방문 의료다. 역시 누구나 다 아는 대로 우리는 지금 초고령사회에 진입해 있다. 노인 환자는 당연히 급증하고 있다. 병세가 위중해지면 그 대부분이 요양원이나 요양병원에 입원해 치료와 돌봄을 받다가 대부분이 거기서 삶을 마감한다. 그게 요즘 우리의 현실이다. 코로나 이후 가족의 면회도 쉽지 않다. 삶의 질은 역시 엉망이다. 그러나 소중한 삶을 그렇게 끝내도 좋다 할 노인은 과연 얼마나 될까. 이웃 일본의 최고 인기 영화 시리즈 〈사나이는 괴로워(男はつらいよ)〉 중 한 편('샐러드 기념일')에서도 이 문제를 주제로 다룬 장면이 있었다. 입원 중인 할머니가 평생을 살았던 집에서 죽기를 원해 무단으로 병원을 벗어난다. 주인공(토라상)이 개입해 우여곡절 끝에 병원으로 되돌아가지만 결국 거기서 숨을 거둔다. 담당 여의사와 주인공은 마음 아파한다. 대략 그런 설정이다. 그런 경우가 어디 하나둘

이겠는가. 예전처럼 의사나 간호사가 환자의 집을 직접 방문하여 치료를 하는 왕진제도가 부활되고 활성화될 현실적 필요가 있는 것이다. 어차피 맞이하는 마지막이라면 살던 집에서, 내 방에서, 가족들에 둘러싸여 그들의 손이라도 잡고 숨을 거두는 것이 질적으로 훨씬 좋은 것임은 두말이 필요 없다. 삶의 마지막에도 질이라는 게 있다.

이런저런 문제들을 망라해 누군가 머리 좋은 사람이 '의료 철학'이라는 것을 좀 제대로 다듬어 제시해주었으면 좋겠다.

산책과 공원

　　베이징에서 1년을 지낸 적이 있다. 현지 생활이 어느 정도 안정되면서 생활 패턴 같은 것이 생겨났다. 오전에는 집에서 집필 작업을 하고 오후에는 가능하면 나가서 걷기로 작정한 것이다. 그러면서 한 가지 느낀 것이 있다. 베이징에는 공원이 많다는 것이다. 직접 가본 것만 해도 원명원, 이화원, 천단공원, 지단공원, 일단공원, 향산공원, 올림픽(삼림)공원, 동승팔가교야공원, 래광영공원, 십찰해공원, 경산공원, 북해공원, 옥연담공원, 북경대관원, 용담공원, 원토성유지공원, 자죽원공원, 청년호공원, 류음공원, 조양공원, 장부공원 등이다. 성격이 조금씩 다르기는 하다. 광대한 황실 별궁도 있고 소박한 동네 공원도 있다. 유명한 베이징대와 칭화대 교정 안에도 호수/연못을 갖춘 상당한 규모의 공원이 있다. 무척 예쁘다. 나는 개인적으로 산책을 즐길 수 있는 이런 공원들을 엄청 좋아하는 편이다. 공원은 개인이 아닌 대중들을 위한 공간이라는 점에서 그 존재 자체가 민주적이며, 아름다움을 전제로 한다는 점에서 미학적이며, 이용자의 건강에 기여한다는 점에서 윤리적이다. 그런 면면이 종합적으로 어우러져 생활의 질, 삶의 질을 높여준다.

도쿄에서도 9년 세월을 살았다. 그때는 우에노공원, 이노카시라공원, 히비야공원, 리쿠기엔, 진구가이엔, 그리고 메이지진구와 네즈진자를 비롯한 수많은 신사들, 그리고 도쿄대 식물원 등을 걸으며 즐겼다.

하이델베르크와 프라이부르크에서도 각각 1년씩을 살았다. 그때는 공동묘지를 비롯해 사실상 도시 전체가 공원이었다. 너무너무 좋았다. 집 근처였던 하이델베르크의 고성 정원, 네카아 강변, 그리고 프라이부르크의 슈타트가르텐 공원은 특히 좋았다. 드라이잠 강변도 사실상 공원이었다.

보스턴에서도 1년을 살았다. 그때는 보스턴 커먼, 보스턴 퍼블릭 가든, 찰스강 강변 공원, 그리고 무엇보다도 커먼웰스 애비뉴 공원 거리를 수시로 산책하며 즐겼다. 하버드와 MIT의 교정도 일종의 공원이었다.

그런 산책이 심신의 건강에, 따라서 삶의 질에 얼마나 크게 기여하는지는 요즘, 세상 누구나 다 아는 상식이 되어 있다. 공원은 그 가장 좋은 기반이 되는 것이니 그것이 도시의 크나큰 자산임은 부인할 수 없다. 그 양과 질이 도시의 격과 수준을 결정하는 중요한 한 지표라고도 나는 생각한다.

한국의 대표 도시인 서울에도 공원은 많다. 여의도, 반포, 잠실, 뚝섬, 용산, 상암 등지의 한강 공원을 비롯해 고궁들, 효창공원, 파고다공원, 올림픽공원, 월드컵 평화공원, 하늘공원, 노을공원, 선유도공원, 서울숲 … 등이 떠오른다. 내가 평생을 근무한 창원도 소문난 공원도시다. 시내 한복판 용지호수공원은 그 상징이다. 최고의 벚꽃 명소인 진해구는 말할 것도 없다. 뒷산, 앞바다 포함해 시내 전체가 공원이다. 나는 이 공원들도 엄청 사랑하는 편이다.

그런데 한 가지 욕심을 내자면 이 공원들의 질적 수준을 좀 올렸으면 하는 게 있다. 관광객들이 일부러 찾아올 만한 그런 무언가가 좀 부족한 것이다. 고궁을 제외하면 '딱 봐도 한국!' 그런 건축물이나 시설물이 없다. 그런 '분위기'도 없다. 베이징처럼 꼭 100년 넘은 가게들이 거기 없어도 상관없다. 만들면 되는 것이다. 지금 만들어 100년이 지나면 그게 유산이 된다. 여의도 샛강공원도 베네치아처럼 만들면 된다. 거기 물이 흐르고 배를 띄우고 그 연변에 고색창연한 전통 건축의 가게들이 즐비한 모습을 상상해보라. 외국 관광객들이 반드시 찾는 코스가 될 것이다. 지금 우리에게 돈이 없는 건 아니다. 마인드가 없는 게 문제인 것이다. 서울시의 막대한 예산을 공원 사업에 투입하라고 나는 권하고 싶다. 관광명소가 되면 그 원금은 회수되고도 남을 것이다. 기막힌 위

치에 자리한 노들섬 같은 것을 세계적인 고급 공원으로 (이
를테면 쥬네브의 루소 섬처럼) 만들지 못한 것은 너무나 큰
아쉬움이다. 거기에 에펠탑이나 자유의 여신상 같은 것이 하
나 있다고 가정해보라.

　여러 가지로 문제가 많은 중국이긴 하지만, 다른 건 몰라
도 그 스케일 하나만은 베이징에서 배울 게 있다고 나는 느
꼈다. 어느 공원도 걸어보면 거의 반나절 코스다. 제대로 즐
기려면 공원 하나에 하루는 필요하다. 올림픽공원도 저쪽 끝
이 잘 안 보일 정도로 까마득하다. 심지어 그 북쪽 끝은 삼
림공원과 연결돼 있어 제대로 걷자면 하루로는 부족할 정도
다. 도심 한복판의 북해공원과 십찰해공원도 거대한 자금성
의 한 세 배는 될 것이다. 호수에 바다 해(海) 자를 붙인 저들
의 허풍은 귀엽게 봐줄 만하다. 그만큼 넓다. 그 국제도시 한
복판 자금성 바로 옆에 그만한 크기의 호수공원이 있다는 건
저들이 자랑해도 좋을 성싶다. 서울엔 그런 공간이 없지만
그 대신 베이징에는 없는 한강이 서울엔 있다. 그걸 꾸미면
베이징을 능가하는 명소가 될 수 있다. 서울시는 왜 그런 걸
하지 않는가. 600년 도읍의 역사 도시가 아니던가. 조선시
대야 중국의 눈치를 보느라 저들보다 더 크게 뭘 할 수는 없
었다 쳐도 지금은 마음만 먹으면 중국의 몇 배를 해도 상관
없다. 하남에서 인천까지 아예 한강변 전체를 전통식 공원으
로 조성해보면 어떨까. 나는 그때 십찰해공원에서 만났던 그

많은 서양 관광객들이 언젠가 서울에 와서 그 공원을 걸으며 "와우, 여기가 베이징보다 더 낫네!" 하는 그런 소리를 꼭 한 번 들어보고 싶다. 마인드를 키우자. 지금 당장이 어렵다면 조금씩 해서 100년 후에 그것을 완성하면 된다. 더디 가는 그런 철학은 저 스페인의 가우디에게 배우면 된다.

상류에서 하류까지, 지역마다 테마가 다른, 끝도 없는 한 강의 전통식 공원, 상상만 해도 가슴이 즐거워진다. 아니 두 다리가 이미 설레고 있다.

'백조의 호수' 그 은밀한 비밀

얼마 전 미국의 한 매체에서 발표한 2022년 세계 각국의 국력 순위를 보면 우리 한국이 세계 6위를 차지하고 있다. 프랑스와 일본보다 더 위다. 아마 많은 국민들이 가슴 뿌듯한 자랑스러움을 느꼈을 것이다. 해방 직후 1940년대, 그리고 우리 세대가 아직 어렸던 1950/60년대와 비교해보면 상전벽해 같은 격세지감을 지울 수 없다. 실로 엄청난 변화, 놀라운 발전이다.

여러 어려움이 우리 코앞에 펼쳐져 있기는 하지만 지금도 그 변화-발전은 지속되고 있다. 마치 우아한 백조 한 마리가 유유히 멋지게 호수를 유영하고 있는 양상이다. 이른바 한류의 세계적 붐이 그 멋에 멋을 더해준다.

그런데 우리는 생각해본 적이 있을까? 그 아름다운 호수, 그 우아한 백조의 유영, 그 멋진 장면에서 실은 부지런히 물

을 젓고 있는 수면 아래의 두 발이 있다는 것을. 그 분주한
움직임을.

그와 관련된 졸시를 한 편 소개한다.

〈백조의 호수〉

백조의 호수가 아름다운 것은
백조와 호수
때문만은 아니다

호반의 숲
숲속의 나무, 새, 온갖 풀꽃들
산들바람, 신선한 공기, 투명한 하늘
때문만도 아니다
은빛 수면 하
호수를 이루는 억조의 물방울들
그리고
열심히 물을 젓는 백조의
두 발들

보이는 것을 보이게 하는
보이지 않는 저 고요한 것들!

그렇다. 눈에 보이는 성과/결과에는 눈에 보이지 않는 수고가 반드시 있는 법이다. 우리는 그런 수고를 생각해본 적이 있을까? 세계 6위의 국력이란, 우리의 조그만 덩치를 생각해보면 실로 어마어마한 것이다. 거의 기적이라고 해도 과언이 아니다. 그 기적이 어떻게 해서 가능했을까?

첫째는 뭐니 뭐니 해도 국가의 방향타를 잡은 정치 지도자의 역량이다. 입장에 따라 의견은 갈리겠지만 역대 대통령들, 총리들, 장관들, 특히 박정희-김종필과 김대중-김영삼의 공적은 압도적이다. 그들이 산업화와 민주화라는 거대한 성과를 이룩했다. 그 밖의 인물들도 사실 그 속을 들여다보면 누구 하나 가볍게 평가될 수 없다. 좌우불문이다. 물론 치명적인 결점을 가진, 없는 편이 나았을 지도자들도 없지는 않다. 그 점에 대해서는 공과를 분명히 해야 한다. 건국 대통령 이승만도 포함해서다. '무조건 아니다', '전부 아니다'는 성립될 수 없다. 그들의 수고를 다시 한 번 되돌아볼 필요가 분명히 있다.

둘째는 말할 것도 없다. 억조창생 국민의 피땀이다. 아니 눈물/한숨도 있다. 그게 백조의 그 발질들이다. 그게 한국이라는 멋진 백조의 우아한 유영을 비로소 가능케 했다. 우리는 그 최초의 발질들을 기억한다. 조선시대에 태어나 망국의 설움을 겪고 36년에 걸친 식민지 시대에 서럽고 구차하고 모욕적인 노예적 삶을 살고 해방 후 저 터무니없는 남북전쟁에서 수도 없이 죽음의 고비를 넘기고 그렇게 살아남아 4·19, 5·16의 혼란을 헤쳐 온 우리의 부모님들 세대다. 그 엄청난 고난과 수고를 잊는다면 그건 거의 죄악이다. 기억해야 한다. 역사에 새겨야 한다. 그리고 또 그다음이 있다. 바로 우리 세대다. 1940/50년대 생 세대다. 우리는 아직도 저 1950년대의 가난을 기억하고 있다. 필리핀보다도 못살았던 시대다. 그런 시대를 통과하며 우리는 죽도록 공부하고 죽도록 일했다. 그런 애씀이 이 세계 6위라는 결과에 기여하지 않았다면 그 결과를 어떻게 설명할 것인가. 그 벽돌들을 빼버린다면 세계 6위의 한국이라는 성은 한순간에 붕괴되고 말리다. 우리는 스스로 자랑스러워할 필요가 있다. 그리고 젊은 세대들에게 존경받을 자격이 있다고 자부한다.

게임은 아직 끝나지 않았다. 경쟁은 더욱 치열해지고 있고 여건은 더욱 어려워지고 있다. 여러 차례 강조했듯이 이젠 세계 6위가 아니라 세계 1위를 향해 내달려야 한다. 질적으로 승부를 걸어 질적인 고급국가를 만들어나간다면 얼마든지 가능한 목표다. 다음 세대, 젊은 세대의 분투노력을 기대하고 기원한다. 부탁한다. 세계 1위다.

시간의 저편에서

벌써 여러 해 전이다. 튀르키예로 여행을 한 적이 있다. 그때 앙카라에서 아나톨리아 박물관이란 곳을 갔었는데 그건 내게 하나의 사건이었다. 전시물 중 귀걸이, 목걸이, 반지 등 장신구와 컵, 접시, 단지 등 생활도구가 있어 흥미롭게 보았는데 그게 너무너무 인상적이었기 때문이다. 물론 기본은 그 유물들의 정교함이나 디자인의 아름다움이다. 그걸 그대로 서울 어느 백화점에 갖다 놓더라도 충분히 젊은 여성 고객들의 지갑을 열게 할 만큼 훌륭했다. 그런데 그런 건 사실 거기가 아니더라도 엄청나게 많다. 세계 도처의 거의 모든 박물관에 널려 있다. 더 훌륭한 것도 많다. 그런데 하필 내가 거기에 꽂혔던 것은 그 유물들 앞에 높인 연도 표시 때문이었다. 조금씩 다르긴 하지만 그중엔 'BC 3000년경'이라는 것도 있었다. 지금으로부터 3천 년 전이 아니다. 기원전 3000년이다. 그러니 대략 5천 년 전인 것이다. 원 세상에! 특별할 수밖에 없지 않은 가. 저 아득한 5천 년 전에, 우리로 치면 환웅이 무리 3천과 풍백, 우사, 운사를 데리고 하늘에서 내려와 신시를 세울 무렵, 그때 이미 사람들이 이런 걸 만들어서 썼다는 것이 아닌가. 저들이 자랑하는 소위 '아나톨리아 문명'에 대해 경의를 표할 수밖에 없었다.

그때 거기서 수많은 생각들이 내 가슴을 가로질렀다. 그중 한 가닥. '아, 5천 년 전 그때나 지금이나 인간의 본질은 변함이 없구나. 인간은 먹고 마시고 꾸미고 … 그렇게 이 지상에서 삶이란 것을 살았구나. 그리고 그렇게 살다가 이 물건들을 남기고 흔적 없이 떠났구나. 아니, 이런 게 그 삶이라는 것의 흔적이라면 흔적인가?' 대략 그런 것이 있었다. 5천 년이 한순간이었다.

지금 그 장면을 잠시 소환하며 다시 생각해본다. 지금으로부터 다시 5천 년이 지난 아득한 미래의 어느 날, 저 먼 튀르키예에서 어떤 중년의 한 대학 선생이 한국으로 여행을 와 서울의 한 박물관에서 만일 전시된 나의 이 책을 보게 된다면 그는 과연 어떤 감상에 젖어들까? '아, 5천 년 전 그때나 지금이나 인간의 본질은 변함이 없구나. 인간은 현실을 걱정하며 생각을 하고 글을 쓰고 책을 내고 … 그렇게 이 지상에서 삶이란 것을 살았구나. 그리고 그렇게 살다가 이 책을 남기고 흔적 없이 떠났구나. 아니 이런 게 그 삶이라는 것의 흔적이라면 흔적인가?' 대략 그런 것이 아닐까? 혹시 '이 책이 과연 얼마나 5천 년 전 당시의 사람들에게 이해되고 공감을 얻어 현실을 변화시킬 수 있었을까?' 그런 생각도 하게 될까?

그때를 위해, 즉 시간의 저편에서 작동하도록, 나는 이 책에 주문을 걸어 그 나그네에게 어떤 속삭임을 전해주고 싶다.

"아나톨리아 선생, 맞습니다. 우리네 인간의 삶의 양상이란 근본적으로 변하지 않습니다. 아마 7023년 지금 당신의 삶도 그 5천 년 전인 지금 2023년과 그리고 그 5천 년 더 전인 아나톨리아 시대와 즉 만 년 전과 크게 다르지 않을 겁니다. 먹고 마시고 꾸미고, 그리고 사회 속에 살면서 무수한 문제들을 만나고 한탄하고 고민하고 … 더러는 그 문제들을 어떻게 해보려고 이리저리 머리를 굴려보기도 합니다. 더러는 글도 쓰고 책도 내지요. 그게 현실에 영향을 주고 그 현실을 개선한다? 그런 게 쉬울 턱은 없지요. 그래도 그런 일을 해야 하는 게, 실제로 하기도 하는 게 우리 인간입니다. 왜냐하면 우리 인간은 본질적으로 좋은 것을 좋아하는, 후설 식으로 말하자면 '질의 지향성'을 갖는, '질적 존재'이기 때문이지요. 우리는 물 한 잔을 마시더라도 예쁜 컵에 따라 마시고 빵 한 조각을 먹더라도 멋진 접시에 담아서 먹고 싶어 합니다. 좋은 세상에서 좋은 사람들과 함께 좋은 삶을 살고 싶어 합니다. 그런 지향이 인간을 인간이게 만들고 문명이니 문화니 하는 것을 이룩했지요. 물론 대부분의 인간은 돈과 지위와 명예 같은 것을 추구하며 일생을 삽니다. 물론 그런 것도 뭔가를 이루어주지요. 그릇도 목걸이도 사줄 겁니다. 하지만 5천 년 후의 당신도 그게 다는 아니라는 것을 아실 겁니다. 인간은 단순한 인간 이상이기를 바랍니다. '질'을 추구하는 거지요. 이른바 진-선-미 같은 가치가 그 질의 수준을 높여줍니다. 5천 년 후라고 그게 다르겠습니까. 그런 세계가 인간에게는 있습니다. 거기에 문학이 있고 철학이 있고 예술이 있습니다. 그런 것이 사라진 세상은 더 이상 세상이라고 할 수가 없습니다. 당신의 그 세상에서도 부디 이런 것을 추구하고 향유하는 인간의 삶이 지속되고 있기를 나는 기원합니다. 시간으론 멀지만 마음으론 가까운 당신에게 나의 따뜻한 인사를 전합니다."

이수정 李洙正

일본 도쿄대 대학원 인문과학연구과 철학전문과정 수사 및 박사과정을 수료하고 하이데거 연구로 문학박사 학위를 취득했다. 한국하이데거학회 회장, 국립 창원대 인문과학연구소장 · 인문대학장 · 대학원장, 일본 도쿄대 연구원, 규슈대 강사, 독일 하이델베르크대 · 프라이부르크대 객원교수, 미국 하버드대 방문학자 및 한인연구자협회 회장, 중국 베이징대 · 베이징사범대 외적교수 등을 역임했다. 월간 《순수문학》을 통해 시인으로 등단했고 현재 창원대 철학과 명예교수로 활동 중이다.

저서로는 Vom Rätzel des Begriffs(공저), 《言語と現実》(공저), 《하이데거—그의 생애와 사상》(공저), 《하이데거—그의 물음들을 묻는다》, 《본연의 현상학》, 《인생론 카페》, 《진리 갤러리》, 《인생의 구조》, 《사물 속에서 철학 찾기》, 《공자의 가치들》, 《생각의 산책》, 《편지로 쓴 철학사 I · II》, 《시로 쓴 철학사》, 《알고 보니 문학도 철학이었다》, 《국가의 품격》, 《하이데거—'존재'와 '시간'》, 《노자는 이렇게 말했다》, 《예수는 이렇게 말했다》, 《부처는 이렇게 말했다》, 《시대의 풍경》, 《명언으로 돌아보는 철학세계 일주》, 《소설로 쓴 인생론》, 《하버드의 춘하추동》, 《소크라테스의 가치들》, 《하이델베르크와 프라이부르크의 사색일지》 등이 있고, 시집으로는 《향기의 인연》, 《푸른 시간들》이 있으며, 번역서로는 《현상학의 흐름》, 《해석학의 흐름》, 《근대성의 구조》, 《일본근대철학사》, 《레비나스와 사랑의 현상학》, 《사랑과 거짓말》, 《헤세 그림시집》, 《릴케 그림시집》, 《하이네 그림시집》, 《중국한시 그림시집 I · II》, 《와카 · 하이쿠 · 센류 그림시집》 등이 있다.

sjlee@cwnu.ac.kr

질을 위한 철학

1판 1쇄 인쇄	2023년 7월 20일
1판 1쇄 발행	2023년 7월 25일

지은이	이 수 정
펴낸이	전 춘 호
펴낸곳	철학과현실사
출판등록	1987년 12월 15일 제300-1987-36호
주소	경기도 파주시 상지석길 133 나동
전화	031-957-2350
팩스	031-942-2830
이메일	chulhak21@naver.com

ISBN 978-89-7775-866-7 03100
값 15,000원